CW01508581

Romancière et nouvelliste (*Week-end de chasse à la mère*, prix Femina 1996), Geneviève Brisac a publié plusieurs récits (*Une année avec mon père*, 2010 ; *Vie de ma voisine*, 2017), des chroniques (*Moi, j'attends de voir passer un pingouin*, 2013 ; *Mes mots sauvages*, 2018) et de nombreux essais littéraires (consacrés notamment à Virginia Woolf, Flannery O'Connor, Karen Blixen, Alice Munro). Elle écrit également pour le cinéma (avec Christophe Honoré) et pour le théâtre.

Geneviève Brisac

LE CHAGRIN D'AIMER

Bernard Grasset

TEXTE INTÉGRAL

ISBN 978-2-7578-7444-8
(ISBN 978-2-246-81330-9, 1ʳᵉ publication)

© Éditions Grasset & Fasquelle, 2018

Pour vous qui savez ma gratitude.

Ma mère apprend à conduire

Nous sommes assises à l'arrière de la voiture.

Je distingue parfaitement nos trois petites têtes pétrifiées.

Cet été-là notre mère conduit pour la première fois.

Nous allons à la plage, nos seaux sur les genoux. Nous sommes fières de cette personne qui a eu son permis, et craintives aussi. Une telle angoisse flotte au-dessus de l'habitacle. Un nuage sombre prêt à crever sur nous.

La route caillouteuse est en pente, le feu est vert depuis plusieurs secondes, la voiture ne bouge pas, ma mère s'en prend au ciel, maudit la terre entière, appuie sur toutes les pédales, arrache presque le frein à main de son socle. Le démarrage en côte est la pire chose du monde.

La voiture cale, recule, se cabre, chauffe, bondit sur place. Nous ne mouftons pas, plutôt mourir, d'ailleurs c'est imminent, nous allons mourir, nous sommes mortes.

Alors, poupée, tu l'as trouvé dans une pochette-surprise ton permis, hurle un type derrière nous. Il klaxonne de toutes ses forces d'idiot.

Nous rentrons nos têtes dans nos épaules.

Ma mère se crispe, elle a horreur de tout cela, certes une femme doit avoir son permis, mais elle aurait tellement préféré ne pas être une femme.

Elle ne peut pas savoir que ces heures d'humiliation, de torture, peuplées de démarrages en côte ratés, de créneaux impossibles, de calages inopportuns, de camions menaçants, de flics suspicieux, lui réservent une merveilleuse surprise.

Ma mère, conductrice terrorisée, inhibée, sur les nerfs, se transforme au fil des ans en tortue à roulettes. Sa voiture devient sa maison. Sa vraie maison. Une maison trouée de brûlures de cigarette, une maison malodorante, une maison cabossée, un havre de liberté.

Sa voiture. La première, celle qui cale sans cesse, se nomme Rossinante, comme la jument de Don Quichotte à qui ma mère s'identifie.

Mais la favorite, celle qui va rester dans la légende, c'est Pygmalion. Le sculpteur né à Chypre refusa l'amour mais s'éprit de sa statue, la blanche Galatée. Pygmalion a transformé ma mère, la blanche Galatée.

Pour alléger un peu la charge mythique de cette nomination, et la masquer aussi, elle lui a trouvé un diminutif.

Nous aimons dire : la voiture de maman se nomme Piggy.

Piggy, pour Pygmalion.

Faut-il commenter encore ce nom ? Pygmalion. Un petit lion, me dis-je. Un lion pygmée.

Ma mère apprend à nager

Ma mère a peur de l'eau.

Comme nous la plaignons.

Nous trouvons cela étrange, une adulte qui ne sait pas nager.

Il faut qu'elle apprenne, pour être normale, pour passer inaperçue, pour être acceptée par la famille de son mari qui la jauge, et la méprise.

Le moniteur de natation lui donne des cours dans l'eau glacée. Elle a un maillot noir qui bâille un peu et une ceinture de pains de liège pour l'aider à flotter. Elle tente de rester digne et elle y parvient. Elle serre les dents et forme ce sourire forcé que nous lui connaissons bien.

Elle est stoïque, malgré les vagues d'iode froides qui la submergent.

Le moniteur porte des bottes d'égoutier. Elles lui permettent de rester de longues heures dans l'eau. Il est prognathe, petit et blond. C'est un homme patient.

Il tient le menton de ma mère comme on

tiendrait celui d'une petite enfant. Elle s'applique. Le moniteur enlève peu à peu les pains de liège. Un jour, elle flotte seule. Un jour elle fait quelques brasses, sans aucune aide. Bientôt l'eau haïe et crainte devient un motif de fierté. Ma mère ne s'aventure jamais au-delà d'une ligne invisible où, dit-on, l'on perd pied, mais elle est moins une étrangère qu'avant.

À ses yeux, entrer dans l'eau glacée et exécuter quelques brasses est un signe d'assimilation. Elle y attache une importance immense.

Cependant nous ne nous baignons pas avec elle, ayant un peu honte.

Ma mère parle au moniteur, et c'est une révélation

Il ne faut pas faire de charme aux moniteurs.

Je ne leur souris jamais. Je méprise les filles qui sont amoureuses d'eux.

Or un jour je surprends ma mère en train de se livrer à cette occupation diabolique. Elle ondule, elle rit, elle agite des doigts vernis, elle fait bouger sa chevelure noire très lourde.

Elle parle une langue inconnue et mélodieuse en la faisant chanter sur ses lèvres.

C'est effrayant. Un démon a dû prendre possession de son corps.

Tu parles en quelle langue, maman ?

Elle rit de plus belle, fière de cette jolie scène de comédie.

Georgios, le moniteur, est grec. Il est content de parler dans sa langue avec cette Nausicaa inattendue, Nafsikaamou.

C'est Marivaux à la plage. Marivaumou.

Le grec est une langue sentimentale qui ajoute *mou* à tous les mots.

C'est inespéré pour lui.

Comment tu fais avec tous ces bourgeois analphabètes, dit ma mère en français. Ces Français tellement lourds. Lourds. Analphabètes. Bourgeois. Trois mots qui vous envoient en enfer. Eux au paradis et nous dans la géhenne.

Pourquoi garder un souvenir aussi vif, douloureux comme un coup de couteau, de cette inoffensive rencontre linguistique ?

Je ne savais pas que tu parlais grec, maman.

Je le savais un peu, puisque tu cries dans cette langue bizarre, terrorisant ta mère et son serin nommé Poulaki. Tous deux hérissent leurs plumes et cherchent où se cacher. Qu'est-ce que ça veut dire Poulaki ?

Poulakimou. Qu'est-ce que ça veut dire une mère dont on ignore la langue ? Que signifie alors langue maternelle ?

Je connaissais le grec crié. Pas le grec chantant et secret.

Timeo Danaos et dona ferentes. J'écris ce proverbe sur mon carnet.

Je crains les Grecs et leurs présents. Je crains les Grecs, tout simplement.

Je pars à la recherche de ma mère.

Avenue des Ternes

Des légendes me parviennent par vagues, de l'avenue des Ternes, où elle a grandi.

Ce sont des rumeurs illogiques et étouffées, des élans, des ricanements, des silences. Un bruit de solitude.

Ma mère est une enfant unique élevée au milieu des tapis persans, des lits-cages, des commodes anciennes à trois tiroirs, dans les senteurs orientales, les vapeurs d'encens, une enfant élevée pour commencer au milieu des icônes et des chats, derrière la façade trompeuse d'un immeuble bourgeois de la rue Pierre-Demours, dans le dix-septième arrondissement de Paris.

Ensuite, à quelques mètres, et quelques années plus tard, c'est le début des années trente et la voici, toujours dans ce dix-septième arrondissement de Paris si romanesque, au 51 avenue des Ternes.

Même façade en pierre de taille, mêmes tapis, mêmes tableaux et tableautins serrés les uns contre les autres, ajoutant au sentiment de temps arrêté, même piano à queue, même poussière au goût sucré, mêmes ombres, car tout est sombre ici, et l'a toujours été. Je ne sais rien de plus que cette immobilité apatride, sinon qu'en face l'énorme cadran d'une pendule appartenant à un dénommé Dieutegard, horloger-bijoutier, fait résonner les heures. Car nul n'échappe à la puissance du temps.

Je me souviens de Dieutegard, ma mère l'appelait Dieutegarde, elle en faisait une preuve de l'inexistence de Dieu, tant il était évident qu'il ne la protégeait de rien.

Hormis cette plaisanterie aigre, jamais elle n'a parlé de tout cela. Si je l'interrogeais, si je lui faisais part de mon trouble, un geste de main agacé balayait des questions importunes. Les ongles rouges fendaient l'air.

Pas de parents, pas de grands-parents, pas de famille, aucun oncle, pas de tantes, pas de petits-cousins, non. Personne. Non.

Ce n'est pas intéressant, disait-elle.

Longtemps j'en ai été d'accord. Ma mère n'a pas de famille, voilà tout, pensais-je.

Et puis un jour cela n'a plus été normal. Un jour, cela m'a semblé bizarre, ce trou noir. Trébuchant sur une ignorance incompréhensible, je suis partie à la recherche de ma mère, reprenant les choses du début, et simplement.

J'ai lu des livres, mais je suis une passoire.

Rien ne me tient ni au corps ni à l'âme, de ces histoires balkaniques que je tente de faire miennes. Un fleuve de faits et de noms, de batailles, de trahisons, de conquêtes, d'exodes. Les Grecs du Pont-Euxin et ceux de Salonique, les Phanariotes et les gens de Corfou s'agitent dans ma tête.

Petits bonshommes noirs des rêves et des amphores, aux mollets saisissants, aux yeux immenses, aux lances infinies, au destin si tragique.

Je compte sur mes doigts, je mélange tout. Je recommence à faire de petits tas de mots, de signes, de souvenirs qui ne sont pas les miens et qui ne sont peut-être pas véridiques.

Et, parce que je sais que la clé de nos vies est l'amour, c'est lui que j'interroge. L'amour.

Amours de ma mère

J'écris : Amours de ma mère. Ensuite je ferme mon cahier. C'est un chapitre impossible à écrire.

Ces mots ne vont pas ensemble, amours et ma mère. Je la nomme alors Mélini. Et soudain, elle est là. C'est une apparition. Un manteau d'astrakan, un chignon bas, du vernis rouge. Je la suis du regard. Elle semble très occupée, et nerveuse. Elle vient négocier des tulipes pour son vase noir.

Mélini tend sa main au clochard qui ouvre la porte de sa voiture adorée. Je connais cette main gantée par cœur.

Elle dilate les narines. L'intérieur rouge et irrité de ce nez busqué et royal me dérange. Comme me dérangent la nicotine sur l'intérieur des phalanges de maman, l'ongle jaune de l'index et du majeur, les renflements rouges à la base de son pouce. Ses mains de prolétaire, ses mains d'immigrée des bords de la mer Noire, où les vieilles femmes ont des pattes avant torturées et des mollets de coq aux veines violacées.

Le clochard salue.
Une clope, ma reine ?
Servez-vous, cher ami.
Car Mélini fume.

Ma mère fume

Une femme ne fume pas dans la rue. Ma mère, si.

Une femme ne fume pas à table. Ma mère allume une gauloise entre chaque plat.

Une femme ne fume pas en conduisant. Et cætera.

Au début de notre vie commune, je me souviens de paquets blancs et souples. Les cigarettes de ma mère s'appellent des Disque bleu, sans filtre et ensuite avec filtre. Elle est une chain-smoker, elle les allume l'une sur l'autre, et du matin au soir.

Ce sont des gauloises, du tabac Caporal, c'est pourquoi il y a un casque gaulois sur le paquet blanc, un casque entouré d'un rond bleu. Le disque bleu donc. Plus tard elle passe aux gauloises bleues. Des cartouches.

Ma mère fume (bis)

À quel moment de sa vie fumer est-il devenu son drapeau, son étendard ? Les cigarettes ont fait d'elle un mythe.

Elle est la femme qui fume.

Quand elle a commencé de fumer, son geste incarnait la liberté. La Libération, les jupes qui s'envolent, les boîtes de jazz, le Tabou, pas de tabous. Ma mère est une Juliette Gréco qui ne se serait pas fait refaire le nez. Elle a sa voix cassée, aussi.

Fumer entraîne des aventures que ma mère adore. Demander du feu à des inconnus est la moindre d'entre elles. Cracher de la fumée au nez des personnes qui vous agacent en est une autre.

Ma mère fume partout, dans les musées, dans les supermarchés, aux réunions de la Société des Auteurs, dans les hôpitaux, dans les trains. Partout, sauf peut-être dans les églises. Je ne sais pourquoi, sans doute sont-ce les vieux restes du catéchisme de Saint-Ferdinand-des-Ternes : elle respecte les lieux de culte.

Quand empêcher les gens de fumer est devenu un objectif de santé publique, ma mère est devenue, bon gré mal gré, une pasionaria du tabac. Elle en a fait une lutte de tous les instants.

Sa mèche jaune et ses doigts couverts de nicotine, le bout de son nez orangé, les commissures jaunies de ses lèvres, ses ongles cabossés, ses rides noircies par la fumée la signalent comme une militante du droit à se tuer comme on l'entend, puisqu'on va tous mourir, de toute façon.

Plus personne ne fume ? Elle si. Et s'il n'en reste qu'une, je serai celle-là. Le panache, elle y tient, et il en impressionne plus d'un.

Des légendes circulent, on l'a vue fumer en nageant.

Son porte-briquet autour du cou est un objet de culte.

J'ai l'air d'entendre ses raisons, de défendre sa cause. Les mots m'entraînent. Je mens. Les cigarettes de ma mère sont un cinéma que je déteste, l'écran de fumée qui asphyxie nos vies. Un chagrin.

La nuit, ma mère tousse à pierre fendre, cela m'effraie.

La toux est un des signes avant-coureurs de la mort.

Elle tousse le jour aussi, et cela me rend dingue. Elle sourit de mes préjugés, une bonne petite cigarette ne fait de mal à personne.

Tu trouves que cela sent mauvais?

Oui. Tu pourrais au moins fumer des blondes.

Elle trouve cela conventionnel, et ridicule.

J'ai toujours détesté les blondes, dit-elle, narquoise.

Elle entre dans la cuisine le matin, sa cigarette cachée dans son dos, une fumée s'élève au-dessus de sa tête. Je soupire, elle bat en retraite, soupirant à son tour. Ballet de douleurs silencieuses.

Les cigarettes deviennent avec le temps le contraire d'une liberté : un châtiment, la crécelle du lépreux.

Le clochard est patient. Comme un alligator, il attend son heure.

Il fait un entrechat de cinéma. Son pantalon qui pue glisse dangereusement. Il le remonte. Tous les deux, Mélini et lui, rient.

Et les voici meilleurs amis. Il lui tend sa bouteille. Elle rit faux, elle rit fort.

Je n'aime pas les excentricités de ma mère. Ses moulinets, ses rires. Je n'aime pas qu'elle appelle les flics et les vendeuses mon lapin, ni qu'elle fume à la chaîne des Disque bleu sans filtre, le coude gauche sorti par la fenêtre.

Je n'aime pas qu'elle ne me regarde jamais.

Je la regarde sans cesse. Je suis si fière d'elle.

Tout le monde admire son éclat, les raucités de sa voix, ses dons de sorcière orientale, les noms qu'elle donne aux objets, les noms qu'elle donne aux cailloux. Ma mère adore les cailloux.

Je ne demande qu'à être un caillou. Je suis moins qu'un caillou. Je suis une enfant désespérée.

Le rire de Gilbert

Le clochard s'est incliné devant ma mère. Il ne me salue pas, je ne fais pas partie du spectacle.

Mélini achète des fleurs. Clarissa Dalloway le faisait.

Mélini Dalloway achète des fleurs. Les fleurs coupées sont l'expression de l'amour et du désespoir des femmes.

Elle choisit des branches, des feuillages.

Elle prend conscience de ma présence. Un air inspiré, un air rêveur voilent son visage.

Sais-tu que Gilbert m'appelait Oriane, dit-elle. Mon cœur se serre.

Ne me regarde pas ainsi. Je peux prononcer le nom de Gilbert sans que tu fasses cette tête sombre, sans que tu prennes cet air buté. Je peux murmurer le prénom d'un ami qui me manque cruellement sans devoir supporter ton regard noir de petite puritaine. Tu es bien la fille de ton père. Toujours de son côté.

Gilbert incarne pour ma mère l'autre vie, la vraie

vie vivante. Son premier amour. Une vie remplie de cigarettes brunes, de soleil, et de carafons de vin rosé. Une vie sous la treille, nocturne, romanesque. Gilbert est le nom proustien de cette vie.

Mélini aime évoquer le vitrail de Combray qui représente Gilbert le Mauvais, et l'affreuse Gilberte Swann, la fille sardonique d'Odette la mondaine.

Penser à Gilberte au Bois, poussant son cerceau, est pour moi une souffrance, et je ne sais pourquoi elle me fait si peur. Je mélange tout, le vitrail, qui a des résonances de Barbe-Bleue, ce prénom de fille aux airs garçonniers et sexuels en même temps. Pendant que je me débats avec tous ces maudits Gilbert et Gilberte, Mélini est Oriane de Guermantes, elle s'avance, entourée de personnages flous et malfaisants, qui ricanent dans mon dos et savent des choses que l'on me cache.

Gilbert a peut-être aimé Mélini. Mélini a-t-elle aimé Gilbert ? Elle n'aime pas ce mot d'amour, elle ne l'emploie pas. Elle trouve cela vulgaire. Elle aime pourtant, et elle aime comme on aime une preuve, l'amour de Gilbert qui est comme un témoignage de son vrai moi. Quand Mélini nomme Gilbert, son visage change, ses joues s'éclairent, tout s'ouvre, son front, ses yeux. Sa bouche s'ouvre, bouche en cœur. Un souffle de liberté passe.

Maman, écoute-moi, Gilbert me fait peur, il a de

grandes dents et des mains immenses, et il rit, il rit, il rit. Gilbert est un loup, c'est une évidence. Un loup qui mange les petites filles stupides. Gilbert a un nom de loup.

Elle n'écoute pas, elle est loin, elle bat des mains, elle montre ses beaux ongles incurvés, elle montre ses griffes au fleuriste qui se courbe devant elle comme devant une reine. Maman, écoute, j'ai vu Gilbert nu. Et j'ai eu peur. Maman n'écoute pas. Elle choisit des tulipes, une par une, elle en fait un bouquet. Les têtes oblongues des tulipes vibrent dans l'air, elle choisit des pavots et des glaïeuls.

Une nuit, Gilbert est entré nu dans la tente où je tentais d'éloigner les moustiques et la peur. Une petite tente jaune plantée sur la terrasse au-dessus de la bergerie, les rires s'étaient tus, on n'entendait plus que les cigales.

Je ne le dirai à personne tant que je n'en aurai pas la preuve et de preuve je n'en aurai jamais. J'ai rêvé. Cela ne peut être vrai. Rien de ce que je ressens ne peut être prouvé. Rien.

Maman, je t'en supplie, chasse Gilbert qui est entré dans ma tente et s'est agenouillé à côté de moi. Chasse-le de mes cauchemars.

Je n'avais jamais vu de sexe d'homme dressé, les mots qui nomment le sexe masculin m'étaient inconnus, les mots bite et engin et pine et queue – et même zizi peut-être – je ne les avais jamais entendus et j'ai eu peur, j'en ai perdu la voix. Et j'ai gardé au fond du cœur angoisse et honte.

Mélini n'entend rien.

Le lendemain, sous la tonnelle, ils boivent du vin rosé dont la couleur est si belle, l'odeur infecte, le goût affreux.

La carafe est en terre bleue, les verres autour. Ils rient sans cesse.

Assise en tailleur sous l'énorme lampe à pétrole qui se balance, auréolée d'une nuée de moustiques et de phalènes, je dessine des dizaines de dinosaures à l'entrée de dizaines de grottes.

Mélini, tu as vu ce que dessine ta fille, demande Gilbert dont l'ombre énorme se détache sur le mur de pierres sèches.

Mélini, ta fille est en chaleur, dit Gilbert en riant comme un fou. Elle dessine des bites.

Je défends ma cause, je rougis sans comprendre, comme si quelqu'un avait arraché ma culotte. Ce sont des dinosaures, dis-je tout bas.

Je ne dessinerai plus jamais, je le jure, dis-je encore. Tu ne m'as pas défendue, maman.

Le fleuriste s'incline devant ma mère qui lui sourit.

C'est un vieil Arménien. Il y a beaucoup d'Arméniens rue Mouffetard. Ils ont des cils très noirs, ils rient tout le temps eux aussi, mais c'est un petit rire en dedans, hu, hu, hu, la bouche serrée, les yeux plissés, et leurs boutiques ont une odeur d'épice spéciale, écœurante et délicieuse. Une odeur de terre sucrée, âpre, qui reste dans le nez et la gorge comme une couche légère de poussière.

Il enveloppe les tulipes dans du papier journal.

Oh, dit Mélini, j'ai oublié mon porte-monnaie.

Je les offre, dit Missel.

Pas : je te les offre, cela il ne le peut pas, sa dignité quand même, mais je les offre. Seigneur contre princesse, un combat singulier.

Et sa bouche se tord. Il ne peut rien lui refuser, et elle ne veut pas payer. Rien. Jamais.

Elle lui tend une main qu'il effleure de ses lèvres furieuses.

Elle remonte, royale, dans son carrosse républicain.

Mélini se fout royalement de ne pas être aimée du peuple laborieux, d'être vouée aux gémonies par des commerçants serviles.

Des imbéciles, voilà tout, dit-elle, du bout des lèvres, montrant ses dents légèrement marquées par le bâton de rouge. Ils n'ont qu'à se révolter.

Et là, ma mère est exaspérée

Elle soupire, souffle fort, pince le nez, lève les yeux au ciel.

Grimace. Souffre atrocement, ferme les paupières et crispe les mâchoires.

C'est les gens.

Ma mère n'aime pas les gens. Ils sont trop bêtes. Trop lents. On n'en finit pas, ils ne comprennent rien, ce sont des limaces. Ils se traînent et l'empêchent d'avancer. Partout, tout le temps.

Les pires, ce sont les vendeuses et les employées de maison. Des gourdes, qui font exprès, se font encore plus stupides qu'elles ne sont. Si c'est possible.

Ma mère est favorable à la peine de mort pour les idiotes. La terre serait plus respirable.

Faire les courses avec elle est une torture.

Je me demande ce qu'elle a à raconter cette grosse mémère, articule-t-elle dans la boulangerie, pour se détendre un peu. Elle peut pas prendre son pain et la boucler, cette grosse vache ? Je voudrais que la terre s'ouvre.

Ne pas exaspérer ma mère est un défi. Il faudrait être morte.

Mais les morts aussi exaspèrent ma mère. Elle n'aime que les princes et les clochards.

Parfois, en écrivant, on a le sentiment qu'au bout de la phrase qui tâtonne, la vérité va surgir. Amours de ma mère, donc. Elle a vingt ans, son père est mort, sa mère est un oiseau sur la branche, comment faire ? Comment vivre ?

Elle ne peut se consacrer à l'étude de la philosophie, comme ses amis, comme Gilbert et tous les autres. Elle va à la Sorbonne, mais il faut en plus qu'elle gagne sa vie. Elle apprend la sténodactylo.

Une jeune femme aux longs cheveux noirs et aux épaules rondes traverse le bois à vélo par tous les temps pour gagner quelques francs. Elle a peur dans la nuit. Elle est en colère. Elle voyait la vie tout à fait autrement.

Des fêtes et des amours, comme au cinéma, c'est ce qui était prévu.

La liberté saltimbanque. Elle voulait jouer la comédie, chanter, et être libre. Elle est une princesse comme sa mère. Alors comment peut-elle être pauvre ? Mélini exècre la pauvreté. Plus que tout. La pauvreté est hors de question.

Si c'est comme ça, si son père lui a joué ce sale tour de l'abandonner lui aussi avec des dettes et aucun héritage, alors, soit, mais elle veut une cage dorée. Pour une cage à sa mesure, elle se fera rossignol. Elle se fera tigresse.

Elle va au bal. Comme dans les contes. Un jeune homme de bonne famille tombe amoureux de la belle princesse apatride aux yeux langoureux, aux beaux bras, et aux pieds nus. Il lui promet que si elle l'épouse, elle restera libre, et pourtant ne manquera jamais de rien.

Ils se marient. Ce n'est pas un mariage romantique. C'est bien mieux. C'est un pacte.

La jeune princesse arménienne, la nièce de Demetrios, la petite dactylo, la brillante étudiante en colère, cet être hybride devient une épouse abasourdie.

Il est entendu qu'elle ne sait rien faire de ses dix doigts.

Tu n'auras jamais rien à faire, lui promet son chevalier servant.

C'est parfait. Il faut juste qu'on lui achète une machine à écrire.

Ma mère tape à la machine

C'est mon plus ancien souvenir.

Ma mère à sa machine. Une Remington noire. Ses ongles rouges. Le bruit. Tac tac tac tac. Et puis le bruit du chariot ramené sèchement de droite à gauche. Et de nouveau, tac tac tac tac.

Ne dérangez pas votre mère. Elle travaille. Tac tac tac tac.

Quand une feuille est couverte de mots, elle l'arrache, et en introduit deux autres, séparées par un carbone.

Schrouitch.

Quand elle se trompe, elle repasse sur la ligne et tape des x sur les mots erronés. Ou bien elle arrache la feuille, en introduit deux autres séparées par un carbone, et reprend. Il ne faut surtout pas la déranger. La machine est son véritable amour.

Je me souviens de ta mère, me dit Margot, elle était tellement enthousiaste. Elle avait tapé pour nous les articles du journal de classe que nous avions créé. Elle y avait passé un temps fou. Notre premier journal. Rempli de dessins humoristiques, de blagues splendides, de chroniques politiques un peu courtes, de ragots pitoyables sur la vie du lycée. Il y avait même un jeu des sept erreurs comme dans *France-Soir*.

Quand elle ne tape pas notre journal, Mélini écrit des feuilletons pour RTL, des pièces radiophoniques qu'on nomme des dramatiques. Elle écrit des séries policières, des adaptations d'Agatha Christie. Elle écrit pour la radio, pour la télévision, elle écrit pour écrire, elle écrit tout le temps.

Elle invente une ville imaginaire, la remplit de ses habitants, brode leurs amours, leurs trahisons, leurs jalousies. Les femmes s'appellent Sylvie, Patricia, Cécile. Les hommes se prénomment François ou Philippe. Elle raconte une France des années soixante, pavillonnaire et familiale. Le feuilleton a du succès. Un rêve. Il faut écrire huit pages par jour, pour dix minutes d'émission proposée par Végétaline. C'est une chaîne dorée, un esclavage imprévu.

Une autre fois, elle imagine pour sa marionnette une vocation. Son héroïne sera étalagiste. J'imagine sa jupe virevoltante, son corsage, comme on disait. Et la légère condescendance de sa créatrice.

Faire des vitrines, quel beau métier. Des vitrines. D'où lui vient cette étrange idée ?

Peut-être, dit Mélini, mélancolique, n'ai-je noirci toutes ces pages que pour échapper à quelque chose, mais quoi? Elle dit scotomiser. Ça la fait marrer.

Et elle pousse le chariot, vlan, et elle tape.

Tac tac tac tac.

Elle peut taper tranquille, Michel s'occupe de tout. Il lui a promis qu'elle pourrait toujours compter sur lui. Il tient parole.

Lui: son amour, son protecteur, et son mari.

L'Amazone devient madame Michel.

Ma mère s'appelle madame Michel

Nous sommes en vacances en Bretagne, chaque été, chaque long été, pendant plus de deux mois, sous la houlette d'une grand-mère paralysée et de jeunes filles au pair indifférentes. Et chaque année, au même moment, c'est le branle-bas de combat.

Madame Michel va arriver la semaine prochaine.

Madame Michel – c'est elle – fait trembler les dames qui s'occupent de nous.

Vous m'avez appelée, madame Michel ?

Vous voulez quelque chose, madame Michel ?

Monsieur Michel va bien, madame Michel ?

Sur la terrasse qui domine la mer, une jeune femme regarde ses pieds.

Elle ne comprend rien à ce qui lui arrive. Elle déteste sa vie d'épouse en vacances avec les enfants pendant que le mari travaille.

Elle déteste le crachin breton, l'eau glacée, les manies de la mère de son mari, aller dix fois par jour à la pharmacie lui chercher de nouvelles gouttes, du chlorate de potassium, du bicarbonate, de l'acide borique. Elle craint ses belles-sœurs, qui répondent aux appellations de madame Pierre et madame Alain, et sont tellement plus compétentes qu'elle en gestion domestique. Elle déteste les sorties en bateau qui lui donnent le mal de mer, et puis, le temps passe et elle s'habitue, et c'est encore pire.

Au bout de cinquante ans, elle aimera cet endroit plus que tout autre, mais elle ne peut pas le deviner.

Vous ne prendrez pas de salade, madame Michel ? Ah, vous détestez la salade ? C'est pourtant bon. J'ai acheté le fromage de monsieur Michel, vous savez, madame Michel, le fromage dur, il va être content. Et le pâté. Oui. Le pâté aussi.

Vous n'avez pas de cendrier dans votre chambre, madame Michel ? Ah bon, vous en voulez vraiment un ? Vous en voulez deux ? Vraiment ?

Les deux dames bretonnes qui s'occupent de la maison et des personnes qui y séjournent durant l'été se nomment Marie et Jeannette. Elles trouvent, comme tout le monde, que ma mère fait bien des manières, à grimacer quand on l'appelle ainsi. Chochotte. Pour qui elle se prend, c'est toute la question.

Il y a madame Michel, madame Pierre, madame Alain. Il faut bien appeler les gens.

Qu'est-ce qu'il y a ? Monsieur Michel n'est pas

assez bien pour elle ? Elle voudrait qu'on l'appelle comment ?

Cette femme, madame Michel, est très intelligente, tout le monde est d'accord, mais compliquée. Exigeante. Difficile. Coléreuse même. Et terriblement compliquée. Trop intelligente, je dirais. Effrayante presque. Elle fait peur, oui. D'ailleurs regardez ses petites, leurs genoux en dedans, leurs petites têtes basses, leurs cheveux en bataille, jamais démêlés, leurs vilains petits habits.

Vous avez remarqué : on ne les entend pas, elles ont bien trop peur de se faire gronder.

Madame Michel n'est jamais contente, c'est à cause de tous les livres qu'elle lit. Ou alors elle n'est pas heureuse ? Franchement elle a tout pour elle. Un mari splendide, il est bel homme c'est certain. Une famille. Des sous qu'il n'y avait pas dans sa famille à elle à ce qu'on dit. Elle n'aime pas le climat breton ? Ah ? Vous croyez ? C'est parce qu'elle est du Sud. D'où ? On ne sait pas trop. Ses parents, ils seraient venus de l'étranger, pas français, ça non, elle ne peut pas le cacher, mais on n'en sait pas plus. Sa mère, elle l'a jamais fait venir. Elle la trouve trop bien pour nous, peut-être. Elle ne dit jamais rien, madame Michel. Elle se lève tellement tard, elle a juste le temps d'aller au marché. À la pharmacie quand la Patronne lui demande. C'est la Patronne qui commande. Même si elle est bien malade. Madame Michel n'a rien à faire, mais elle ne sait pas poser les questions qui font plaisir, on voit qu'elle se force. Maîtresse de maison en second, elle ne sait vraiment pas y faire. En premier non plus, à mon avis. Est-ce qu'elle a du cœur ? Elle n'a pas l'air de plaindre la Patronne, je voudrais bien l'y voir, la bouche tordue, les mains qui ne retiennent plus rien. Elle sourit en se forçant. Elle croit qu'on est stupides. Elle ne peut pas le cacher. Elle joue mal un rôle qu'elle ne se donne pas la peine d'apprendre. C'est pas comme monsieur Michel, qui connaît les usages. Monsieur Michel, lui, il connaît les noms et les histoires de chacune. Il aime les gens. Pas comme elle. Il n'a pas de chance, monsieur Michel. Tant de femmes ne demanderaient que cela, lui servir des petits plats et lui faire des sourires.

Ma mère appelle son mari Michka.

Madame Michka, ç'aurait été adorable, me dis-je.

Voici venu le temps maudit de la vie de famille.

Michel, Michel et compagnie

Crachons le morceau. Madame Michel fait des tentatives d'évasion.

Il y a eu un amoureux de ma mère.

Il se prénomme Michel, comme mon père.

Il est très beau, très grand, très élégant, et doux.

C'est un acteur, il tourne sous les ordres de ma mère.

Car elle donne des ordres, elle est désormais réalisatrice.

Il l'admire énormément, je pense.

Elle est devenue réalisatrice pour la télévision française, c'est le début des années soixante. Elle écrit et puis elle tourne.

Je suis tombée amoureuse de l'amoureux de ma mère quand il est venu me chercher un dimanche d'été. Mes parents étaient loin. J'étais seule, j'avais quatorze ans, et j'étais en prison. Pour une journée de permission, il m'a emmenée à la fête des Loges, une fête foraine élégante. Il y avait des flonflons, des guimauves, des manèges.

Nous avons bu un jus de fruits au bord du lac. Nous n'avons pas parlé de ma mère, ni de rien. De moi et de lui.

Il s'est occupé de ma tristesse, je ne l'ai jamais oublié.

Pourtant il a disparu de ma vie aussi brutalement qu'il y était entré.

Et soudain, cinquante ans plus tard, l'amoureux de ma mère est assis au premier rang dans cette salle de théâtre que l'on nomme le Vieux Colombier.

Je le reconnais immédiatement.

La pièce s'appelle *Les derniers jours de la guerre*. Comme c'est bien choisi.

Des images en noir et blanc, des images de bombes et de désastres, et un air terrible du Requiem de Mozart, le *Lacrimosa*, sont la toile de fond de nos retrouvailles.

Quelques semaines passent.

Nous déjeunons ensemble. Je lui pose la question qui me taraude depuis tellement de temps : pourquoi a-t-il disparu si soudainement, je l'aimais tant.

Il sourit, il est étonné. Je suis de nouveau une jeune fille de quatorze ans et lui un jeune premier, un jeune homme d'un peu plus de trente ans.

Il dit : elle aimait surtout l'autre. Henri Serre. Celui de *Jules et Jim*.

Il dit, non jamais, il n'y a rien eu.

Ton père y a mis bon ordre, d'une manière brutale. Violente.

Hélène et lui, mon visiteur d'un dimanche, ne se sont plus jamais revus.

Et moi non plus, je ne l'ai pas revu.

Michka est jaloux comme un lion.

Hélène se le tient pour dit.

Le château fort

Madame Michka change un jour. En un seul jour. Elle a trente-huit ans.

Pourquoi ? Des monstres l'ont rattrapée, sans doute.

Comme Peter Pan, elle décide de ne plus grandir. Elle arrête tout.

Elle est en train de taper à la machine, tac tac tac, tac, scrouitch.

Et soudain elle n'est plus la même. Elle est ensorcelée.

Elle coupe ses cheveux. Ils sont désormais très touffus, courts, gris, hérissés, elle devient petite et maigre. Un œil s'échappe de sa tête. Ses bras s'allongent, sa poitrine se creuse.

Moi je ne me suis aperçue de rien, je n'étais pas là.

En moi, aucune trace d'une longue saison de presque vingt ans.

Les mots, nous n'en avons pas à notre disposition. Ni de sentiments, sinon l'irritation et la honte.

Les mots et les sentiments de Mélini sont tous dans le feuilleton, elle s'y est enfermée comme dans un château fort. Elle s'y anesthésie de romances. Princesse et prisonnière. Comme toujours.

Ma mère ne se souvient pas du tout de ma naissance

Avec émotion, dans un kamikaze élan de tendresse, je m'assois à côté de ma mère. Je crois pouvoir lever le sortilège.

Je voudrais, dis-je, que tu me racontes ma naissance.

Ah, dit-elle. Je n'en ai gardé aucun souvenir.
Et je ne suis plus qu'un bout de bois flotté.

Ma mère hait les bébés, ces cons

Elle les soupçonne de manœuvrer pour attirer l'attention sur eux. Rien de plus sournois qu'un bébé.

Leurs sales petits sourires sur leurs vilaines petites figures.

Le plus exaspérant c'est la bêtise des gens. Leur crédulité.

Et leur hypocrisie aussi. Comment peut-on s'extasier devant un nourrisson rougeaud, chiffonné, qui sent le caca et glapit sans discontinuer ?

Les gens sont des cons.

Dès qu'un bébé entre en scène, tu peux être sûre qu'ils vont se mettre à faire des grimaces, à tirer la langue, à agiter les mains, à loucher, à émettre des onomatopées grotesques. Le bébé daigne pousser un jappement de satisfaction, aussitôt ils se rengorgent, la chose les aime.

Les bébés sont la cause première de l'esclavage des femmes, Simone de Beauvoir que Mélini hait, je ne sais trop pourquoi, l'a bien dit. Mais, non contents de cette victoire, ils transforment n'importe quel groupe en troupeau de moutons débiles. Comment veux-tu avoir une conversation sensée en présence d'un bébé ?

Note que j'adore les moutons. C'est les bébés, le problème, et les enfants qu'ils deviennent rapidement.

Les enfants sont pires que les bébés. Leurs opérations de séduction, leurs manœuvres intéressées, leur méchanceté, la coquetterie imbécile des petites filles, rien n'échappe au scalpel de ma mère.

Elle fait une exception pour les petits garçons blonds.

Je n'en vois aucun dans les parages.

Le temps passe :
Ma mère méprise mes amies

Mes amies adorent ma mère.

Elle est trop bien. Elles en voudraient une comme ça. Drôle, une clope au bec, l'œil vif d'un oiseau de proie, toujours pieds nus comme Françoise Sagan. (Qu'elle déteste.)

Et puis elle est célèbre. Elle écrit pour la radio, elle connaît des acteurs. Elle écrit toute la journée, elle écrit la nuit aussi, elle prend son petit déjeuner au lit. Et elle fume.

Mes amies (enfin, c'est un terme trompeur, j'en ai peu, deux ou trois) ne savent pas la vérité, je la leur cache. Ma mère les méprise. En groupe et en détail. Elle les trouve niaises. Sans grâce. Sans intérêt. Comme Simone de Beauvoir qui a écrit cela à propos des gens inintéressants ma mère pense que ce serait aussi bien que mes amies ne soient pas nées.

Elle ne parvient pas à retenir leurs prénoms.

Comment va Marina ? Elle vient encore goûter ?

Rita, maman. Elle est corse, elle s'appelle Rita.

Ma mère ricane. Rita, sainte patronne des causes désespérées. Ses parents ont visé juste.

Je ne saisis pas ce qu'elle sous-entend. Je devine que c'est méchant.

Est-ce qu'elle sait comme elle est laide ? demande innocemment ma mère.

Elle mange toujours autant ? Elle est terriblement grosse. Ces fesses qu'elle a. Et cette figure plate. C'est corse ?

Caroline est trop bête. Laure est trop moche.

Tu les choisis, ou elles sont toutes comme ça dans cette école ?

Ma mère n'aime guère les femmes

C'est une découverte désagréable.

Qu'est-ce que tu reproches aux femmes, maman ? J'en suis une, je vais en devenir une, en tout cas. Alors cela me turlupine énormément.

C'est des putes. Des putes et des idiotes.

Ma mère n'aime pas les femmes qui tournent autour de mon père, et elles tournent toutes autour de lui. Elle n'aime pas la concurrence.

Elle préfère être un mec qui discute avec les autres types.

Et être l'unique amour. Poussez-vous les autres. Tais-toi ma fille. Et cesse de te regarder dans les miroirs, c'est ridicule et c'est malsain.

L'unique amour, l'unique amour, l'unique amour.

Acheter des vêtements à ma mère, je n'ai fait que cela toute ma vie

C'est pas l'affaire des filles d'embrasser les garçons, dit la chanson préférée de Mélini.

Il y aurait beaucoup à dire sur cette phrase. Elle est porteuse d'un soupçon dont jamais je n'ai pu me défaire. Soupçonnée d'être la proie de ce désir affreux.

Jamais de ma vie, je le jure, je ne me hasarderais à faire une si terrible chose. Embrasser un garçon.

Nous sommes dans l'autobus 84, assises au fond, l'une à côté de l'autre.

Mélini se tient droite et elle chantonne.

Mon père ainsi que ma mère n'avaient fille que moué.

La destinée la rose au boué.

Ils me mirent à l'école à l'école du roué

La destinée la rose au boué.

Elle chante mais je sais qu'elle est triste.

Sa tristesse m'a envahie, sa tristesse me glace, me transforme en cloporte suppliante. Aucune idée du pourquoi. Je voudrais tant la consoler. Si tu n'es pas l'amour unique, alors tu n'es plus rien, c'est ce qu'elle pense, et je le vois dans ses yeux tristes.

Ton père ainsi que ta mère n'avaient fille que toué.

L'autobus 84 s'arrête en face d'une piscine qu'on appelle la piscine Lutetia, et pile devant un magasin qui se nomme Tiffany. Je tire Mélini par la main, et nous entrons.

Que puis-je faire pour vous ? dit le vendeur.

Un twin-set beige et une jupe beige, dis-je, c'est pour elle. C'est ma mère. Je suis fière. C'est idéal le beige pour ma mère.

J'aime beaucoup ces mots : twin-set, et Tiffany et beige. Je nage dans un nuage de bonheur et de mots exquis. Je vais sauver Mélini de sa peine, lui offrir des habits de princesse. C'est elle qui paiera, je ne suis qu'une fille de douze ans, mais je suis habitée par mon immense amour.

Ma mère essaie le pull ras du cou et le cardigan. Elle grimace. Elle tire sur les manches. Elle lisse son cou. Elle pousse ses lèvres en avant, forme une bouche en cœur, elle bat des cils et penche la tête.

Tu es belle comme ça, dis-je. Si, si, tu es ravissante. Essaie la jupe aussi. Elle est en culotte, une culotte blanche trop grande qui laisse dépasser des poils, j'ai un peu mal au cœur mais je n'en montre rien. Elle enfile la jupe, l'aplatit sur ses hanches.

Comme c'est beau. Comme ma mère est belle.

Elle va forcément sortir de sa tanière sombre, arrêter de dormir et de pleurer.

Elle ouvre la bouche pour me féliciter. Je cesse de respirer. Pleine d'espoir.

Je déteste, dit-elle.

Quels habits ennuyeux. Je les prends quand même.

Combien vous vendez ça ? Quels voleurs vous faites. J'ai vraiment raison de fuir vos magasins.

Aujourd'hui est une exception, une exception regrettable. C'est pour faire plaisir à ma fille. Cette petite oie sentimentale.

Nous repartons, alourdies d'un grand sac rempli de choses beiges qu'elle ne mettra jamais. Nous attendons l'autobus 84.

J'ai le cœur gonflé de peine. Je ne peux sauver personne. Elle a le sourire satisfait de qui a rempli une mission impossible : apaiser l'inquiétude de cette ennuyeuse petite.

Heureusement Michka m'a prêté un de ses innombrables chéquiers, il m'a signé quelques chèques d'avance, heureusement, pense Mélini, contente d'être si prévoyante.

Il aurait été réellement impossible de partir sans payer et, comme tous les bandits, Mélini est fondamentalement réaliste.

Je recense toutes les fois où Mélini
n'a pas payé. Je nomme ceci :
Les mille et une nuits de la grivellerie

Elle va deux fois par semaine chez Jean-Marc Lantenois, profession : thérapeute manuel.

Jean-Marc Lantenois adore cette vieille dame aux os tordus, au bassin d'enfant torturé, aux hanches improbables, aux épaules d'ancienne reine de beauté. Il admire qu'elle rallume sa gauloise sitôt la kinésithérapie respiratoire achevée.

Cette cigarette que j'allume juste après le soin, est la meilleure de la journée, déclare Mélini, contente de son petit effet. Les poumons dégagés, c'est bien meilleur. Personne ne peut imaginer.

Et ils fument encore une Marlboro ensemble, assis sur la table de massage.

Comment lui demanderait-il de le payer ?

Au bout de deux ans, il ose murmurer quelque chose.

Quelque chose comme : chère, très chère amie, savez-vous que mes honoraires, comment souhaiteriez-vous que nous traitions cette. Il ne dit pas le mot argent, ni prix de la séance. Il marche sur des œufs frais, il est sur des charbons ardents.

Il n'a aucune envie de perdre cette patiente, il l'adore, il n'a aucune envie de la blesser, de la vexer. Aucune envie de revenir sur cette terre si basse où l'on paie les thérapeutes manuels qui, au demeurant, vivent des soins qu'ils prodiguent, et ont besoin de manger, même peu, est-ce bête ? Personne n'a envie de faire de la peine à Mélini, si petite désormais, courageusement dressée sur ses tibias tordus, ses fémurs qui s'émiettent, ce bassin trop visible, ce bassin de traviole, qui fait dire souvent au thérapeute admiratif : vous êtes unique, chez vous tout est cabossé, tout est à l'envers et pourtant ça marche !

Il pense à tout cela, il s'en mordrait les joues de honte.

Ah, dit Mélini, je ne savais pas. Je croyais que vous m'aimiez sincèrement. Je vais vous payer tout de suite, je suis si déçue. Si embarrassée.

Et elle fouille dans sa poche.

Mélini n'a pas de sac, que mettrait-elle dedans ? Les hommes ont-ils des sacs à main ? dit-elle. Et puis cela fait mal à l'épaule. Et on vous vole, des pickpockets armés de ciseaux arpentent la ville à la recherche de bandoulières à sectionner. Pas de sac, pas de main dans le sac, autant de mauvais coups évités.

Oh, je n'ai pas mon chéquier, cher Jean-Louis.

Comme c'est idiot, je vous réglerai ma dette la semaine prochaine? Vous avez ma parole d'honneur, croix de bois, croix de fer.

Jean-Marc n'imagine pas une seconde que sa chère princesse puisse abjurer, ni même être simplement une sale menteuse.

Mélini ne retourne jamais chez son cher Jean-Louis. Elle n'a jamais su son nom, elle oublie vite son adresse.

Où habitait-il déjà ce brave Jean-Claude? Je n'étais pas sûre que ses soins servissent à quelque chose, mais il était très gentil, très très gentil, et il m'offrait toujours une ou deux cigarettes avec notre bière. Certes c'étaient des blondes, cet idiot fumait des Marlboro, mais à cigarette offerte on ne demande pas la lune.

Outre les iris et les acacias, Mélini cultive la légèreté et l'égoïsme. C'est son jardin.

C'est cela, fais-moi la morale. Quelle brave fille tu es. Et vois où cela te mène. De qui tiens-tu ce côté ennuyeux? Cette lourdeur. Pas de moi en tout cas. Il n'y a pas à dire, il y a un rapport entre le popotin et l'âme, tu ne penses pas? Pourquoi, c'est une autre affaire. Ma mère, qui était danseuse, le disait souvent, on a les formes qu'on mérite, et nul n'a jamais vu un esprit raffiné dans un corps de cheval de trait. La profondeur est à la surface, comme le savent les patineurs.

Merci, maman, j'adore la sagesse des anciens,

les maximes de patineur, et les gentillesses qu'on prodigue dans ta famille.

J'emmène Mélini faire des courses. Une fois de plus.

Je la réprime en lui prenant le volant. Je l'empêche de fumer quand je conduis. Mais elle est contente quand même.

Oh, zut, j'ai oublié mon chéquier, dit Mélini qui fouille dans sa poche arrière de pantalon en descendant de la voiture. (Elle y a plongé sa main avide pour sortir son paquet de cigarettes.)

Je paierai, maman.

Mélini disparaît dans les rayons du supermarché. Je la retrouve plus tard. Elle est assise par terre, au milieu des feuilles de chou abandonnées, des trognons, des branches brunes de céleri. Elle mange une grappe de raisin. Je maraude, dit-elle sans lever la tête. Tu as du feu ?

Très drôle, dis-je, une fois de plus tu m'offres le mauvais rôle, une fois de plus, pour toi, je fais le gendarme, la bourgeoise, l'empêcheuse de provoquer en rond.

Je prends Mélini sous les aisselles, je la soulève de terre, ses pieds gigotent. Je remarque ses chaussettes japonaises bigarrées, ses chaussettes comme des gants, ses orteils s'agitent dans ses sandales, Mélini a de si grands pieds au bout de ses petites jambes. Mais je ne me laisse pas attendrir, je crie : tu te fiches de moi ?

Pas du tout ma chérie, ce raisin avait l'air exquis, et, chose surprenante, il l'est. Goûte ce grain.

Merci, je n'ai pas faim.

Quel mal vois-tu à manger sur place ? Tu es du côté des patrons de supermarché désormais ? Une femme révolutionnaire comme toi. Tu sais ce qu'ils font aux petits producteurs de raisin, tu sais ce qu'ils se mettent dans les poches, les patrons des Carrefour, des Mammouth, les gérants de G20 ?

Je ne sais quoi répondre. Sinon que cette appellation de G20 me fait rire. Chaque fois que j'entends un dirigeant du monde dire je me rends au G20, je vois les queues de poireaux dépasser de son cabas. J'interromps ma rêverie, je repose ma mère à terre. Si je parlais, je dirais : c'est de la triche, maman, le directeur de la supérette t'a reconnue, tu sais parfaitement qu'il ne va pas t'arrêter. Tu sais parfaitement qu'il n'y aura ni procès ni prison. Il est simplement gêné.

Et j'ouvre la bouche, j'ose parler, je le dis.

C'est de la triche, maman. Tu peux manger tout le raisin du magasin, il ne peut absolument rien te faire.

Tant pis pour lui, dit Mélini. Prenons quelques légumes.

Elle épluche avec soin un chou-fleur pour qu'il pèse moins lourd sur la balance, et coûte par conséquent moins cher.

Tu manges les feuilles de chou-fleur, toi ? Alors

pourquoi les payer ? Tiens je prends une rave. Rien à jeter dans une rave. Une syllabe intéressante pour un légume qui mérite mieux que sa réputation de rutabaga.

J'adore les raves, dit Mélini. Quand je dis rave, je pense ravissante. Ravageuse. La rave est une pin-up. Et j'aime aussi l'aile de raie. J'ai une passion pour la raie. Tu crois qu'ils ont des ailes de raie, en ce moment ?

Nous arrivons à la caisse.

Mon Dieu, j'ai la tête qui tourne, dit Mélini. Pardon madame, je me sens mal, c'est certainement mon diabète, ou bien est-ce mon cœur ? Vous nous laisseriez passer ? Oh pardon, faites attention où vous mettez vos tongs, j'ai laissé tomber mon dentier.

Elle se penche en grinçant, elle ramasse l'objet hideux.

Je grimace. Les quelques personnes de la file ont pitié de cette vieille femme minuscule au dentier mal fixé, mal fagotée, avec ses gros doigts de pieds bariolés, qui tangue sur sa canne, au bras d'une fille exaspérée. On ne laisse pas mourir une personne à la caisse d'un supermarché.

Mélini est si bonne comédienne, elle jubile, elle en trépasserait presque. Pour la beauté du geste.

Passez donc.

Nous payons vite le trognon de chou-fleur, les

poireaux raccourcis de leurs feuilles, la rave blanchâtre, les bières Mort Subite, le jambon sous cellophane, les Kleenex mentholés.

Dans la voiture aux banquettes vérolées de trous de cigarettes, entre deux bouts de kapok qui jaillissent des déchirures, Mélini sort de ses poches ses trophées. Elle étale entre ses genoux, comme en un giron, une flasque de vodka, des bonbons anglais, une petite boîte de câpres, et deux canettes de bière de la cuvée des trolls. Je t'adore, maman, dis-je, dans un accès de malhonnêteté hystérique.

Avec toi on survivra toujours.

Héhé, dit Mélini, la survie, tout est là.

La survie. Si c'était la clé de toute cette histoire ?

Deux ou trois choses
à propos de la survie

Il faut bien alors aller fouiller ce passé noyé dans la fumée.

La mère de Mélini, ma grand-mère, est née à Athènes en 1896. Il y a cent vingt ans. Et déjà les pistes se brouillent. Elle serait née plutôt en 1890, murmure la rumeur méchante, un complice aurait modifié sa date de naissance. Il porterait même le nom peu vraisemblable de Dr Angelo Tambacopoulos. Mais pourquoi ? Et tous ces noms, tous ces surnoms, que révèlent-ils ?

C'est peu, je trouve, cent vingt ans, et même cent vingt-sept ans : la durée idéale d'une vie. C'est peu pour cet effacement.

Quand je l'ai connue, elle portait, été comme hiver, une capeline ornée de cerises, des robes compliquées, des bagues, des colliers de perles. Sur ses joues, du fard rose, des ronds rouges en haut des pommettes, et de la poudre de riz. Aux cils un mascara très épais. Du khôl sur les paupières, je crois. Un kilo de khôl.

Ses yeux noirs et maquillés étaient tristes et joyeux et elle me racontait des histoires de Nassredin Hodja, l'idiot, le malin, le farceur.

Nassredin Hodja a encore enfumé Tamerlan, gloussait-elle.

Avec lui, les riches et les puissants sont sûrs d'être ridiculisés.

Je me frottais les mains, je voyais Nassredin Hodja sur son âne, avalant une figue bien chaude, et filant sur le chemin poussiéreux, ravi d'une de ses bonnes blagues, ses babouches puantes claquant au vent chaud anatolien. Le mot Anatolie me faisait rêver. Le mot Anatolie me fait toujours rêver.

Elle m'emmenait aux toilettes et là, installée sur le rond de bois qu'on nomme la lunette, elle me redisait l'histoire du panier rempli de bonnes choses que Nassredin Hodja fait monter et descendre au moyen d'une ficelle accrochée à une poulie, pour embêter Tamerlan ou une autre autorité imbécile et malfaisante.

Assise à ses pieds, je l'écoutais, fascinée. C'était mon histoire favorite de petite fille à la mentalité de prisonnière en quête d'évasion.

Alors surgissait ma mère, sa fille, furieuse. Exaspérée. Cesse donc, sors de là immédiatement, hurlait-elle. Ici, en France, on n'emmène pas les enfants aux cabinets. Tu es infernale, tu es… Puis elle criait des mots dans la langue inconnue qui me faisait si peur.

Et la mère de ma mère, est-ce pensable, pliait sous les insultes, et se ratatinait dans un coin.

Elle repartait bien vite retrouver son chat Fétiche aux trop longues pattes, les tapis d'Orient, les rideaux de percale rose, les commodes cirées, le lit en bois gris, les encens, le café et les ombres de la triste avenue des Ternes.

Le beau Fétiche aux oreilles pointues avait succédé à un chat persan de légende nommé Limah. Quand il s'évada, un beau jour d'été, le chagrin qu'il causa à sa maîtresse fut si violent qu'on dit qu'elle en mourut.

Comme tout cela est loin : un monde disparu.

Il y a, au début, une beauté grecque, devenue danseuse de charme tout au début du XXᵉ siècle. On dit aussi que, pour devenir immortelle et obéir à son imprésario, elle a pris le nom évocateur de Bilitis, la fille de Lesbos, la rivale de Sappho, chantée par Pierre Louÿs.

Ô les beaux jours.

Et puis soudain, plus rien.

Je remonte le temps, suivant le fil des souvenirs perdus. Le premier souvenir a la forme d'un lion.

Histoire du lionceau

Jamais ma mère ne parlait de personnes humaines, mais le lionceau, oui, je le connais.

C'est un lionceau congolais nommé Brutus, offert à une petite fille grecque de cinq ans qui a dû quitter sa ville d'Athènes, en 1901, pour vivre sous le triste ciel d'Anvers. Cinq ans. Ou bien un peu plus.

La petite fille se nomme Evangélina. C'est ma grand-mère. Elle adore son lion, le nourrit au biberon. Le malheur, c'est qu'il grandit trop vite.

Il faut le donner au zoo, et c'est une séparation déchirante.

Les années passent.

Nous sommes à Anvers en 1908. Le Consul s'est logé une balle dans la tête. Il y a été contraint, dit-on, à cause de ses dettes de jeu. Buveur, coureur de jupons, mais surtout joueur impénitent, Léonidas Métaxas, le père d'Evangélina, met fin à ses jours pour ne pas affronter le déshonneur d'une dette.

Ou alors, ce sont les spasmes qui ne cessent d'agiter les marges de l'Empire ottoman et le royaume des Héllènes qui l'atteignent, d'une manière que nous ne savons pas.

Avant 1908, malgré une crise financière chronique, la Grèce s'est fait accepter dans une Union latine qui lui permet de faire des affaires avec la Belgique, la Suisse, la France et l'Italie.

En 1908, elle en est exclue pour avoir triché sur la frappe de la monnaie commune. En 1908.

Bref, Léonidas est mort. De ne plus savoir de quoi l'avenir serait fait. De n'avoir pas d'avenir, et d'être déshonoré.

J'imagine les salons du Consulat désertés, les baronnes choquées, la grande bourgeoisie belge scandalisée, l'immigration grecque horrifiée. Ragots et médisances pleuvent sur les Métaxas.

Hélèna Poulos, la très jolie veuve, doit rembourser les créanciers. Elle serre les dents. Elle rembourse tout.

Désormais ruinée mais digne, dans ses dentelles noires, elle doit vivre sous la protection de son beau-frère, le frère aîné de Léonidas, Démétrios Métaxas, ambassadeur de Grèce à Rome, et fidèle serviteur du roi Georges.

Démétrios l'emmène quelque temps vivre à l'ambassade de Grèce à Rome, avec les deux orphelins.

Evangélina a douze ans, Takis un peu moins.

Leur mère, Hélèna Poulos, revient vite en Belgique et s'installe à Bruxelles.

La jeune Evangélina est trop jolie pour vivre à l'ambassade de Grèce à Rome, c'est ce que pense l'épouse de Démétrios, à ce qu'on dit.

Dans les légendes de l'Olympe que révère ma mère, la signora Métaxas c'est Héra, la jalouse. Et Evangélina, c'est Aphrodite, la terriblement belle, la séductrice de Pâris, la croqueuse de pommes.

Takis, le petit frère, reste à Rome. Il sera italien, puis il sera anglais. Il sera l'oncle inconnu.

Mais le lionceau n'a-t-il pas été offert à Evangélina pour la consoler de la mort de son père, le Consul, le très beau Léonidas Métaxas, son père, si fier, avec ses fines moustaches et son bel uniforme ? suggère une autre voix.

De Léonidas à lionceau, il n'y a qu'un pas, dit la voix, qui exagère.

Qu'il soit de 1901 ou de 1908, un lionceau grandit toujours trop vite. Un arrachement est toujours irréparable. Souvent ils se superposent.

Chagrin de ma grand-mère et chagrin du lion. Qu'ils soient de 1901 ou de 1908, pour oublier Athènes ou la mort de son père. C'est comme une métaphore qui a avalé la réalité. Comme si sept années avaient été gommées.

La légende veut que Brutus soit mort de chagrin.

Evangélina, elle, apprend la dure loi des petites filles riches.

Elle vivra.

De Léonidas Métaxas, personne ne parle plus jamais.

Ni de cette année 1908, funeste pour lui et les siens, tandis que, pour d'autres, des espoirs naissent de la révolution des Jeunes-Turcs qui ébranle l'Empire ottoman.

Dès qu'elle arrive dans une ville inconnue, ma mère visite le zoo, va à la rencontre des lions et des singes, des girafes et des éléphants.

Je me dis que les animaux, même en cage, transmettent un sentiment d'éternité, loin des défaites et des humiliations.

Ma mère aime le cirque

C'est pourquoi sans doute nous ne ratons jamais un spectacle de cirque.

En vérité, nous accompagnons ma mère. Dès que la troupe est annoncée, dès que le chapiteau est monté, nous nous réjouissons.

J'espère, dis-je, qu'il y aura des lamas, des otaries, des éléphants et des léopards. Il paraît que les guépards ne sont pas domptables. Les guépards et les panthères noires sont mes héros. Les lions, les tigres, c'est bien aussi, et il y en a toujours. Et des chevaux savants bien sûr. Noirs de préférence, un plumet sur la tête, la jambe fine et le sabot verni.

Nous adorons l'odeur de la ménagerie, les glapissements qui font sursauter, les parades, les barrissements, les costumes des écuyères, les collants chair des équilibristes, les maillots des trapézistes, les chapeaux noirs des magiciens, les affreuses dames qui présentent les numéros, leurs gros seins, leurs bas-résilles, leurs lèvres peintes en carmin, leurs petites mains qui s'agitent, mais nous idolâtrons la femme coupée en deux, en trois, en douze morceaux. Nous adorons les rugissements, les feulements des fauves, la frime du dompteur, les gradins branlants, la fièvre qui saisit la troupe qui monte et démonte inlassablement la piste. Les lumières et la fanfare.

Au cirque, ma mère devient une autre personne. Elle applaudit frénétiquement, elle crie, elle rit, elle a les yeux qui brillent.

Elle est une saltimbanque, fille de saltimbanque.

Histoire de la danseuse

La mère de ma mère, Evangélina Métaxas, est élevée au couvent des Ursulines, à Bruxelles. C'est une jeune fille orthodoxe, bien sûr, mais n'allons pas y regarder de trop près, disent les sœurs, une âme est une âme. Elles ne la convertissent qu'en apparence. Elles ne la convertissent pas du tout.

Sortie du couvent, elle se met en tête de chanter et de jouer la comédie.

Elle est vraiment jolie, ses lourds cheveux, ses grands yeux orientaux, ses mines, ses bras blancs aux lourds bracelets, plaisent infiniment aux beaux messieurs chic de la ville de Bruxelles, elle est engagée au théâtre du Parc, elle joue des petits rôles dans *Carmen*, elle paraît dans des opérettes. Elle chante *les Cloches de Corneville* et *la Belle Hélène*, les airs du bouillant Achille, le grand Myrmidon. Elle est lancée.

Avril 1911. La jeune artiste arrive à Paris. Elle est saluée par de petits entrefilets de presse qui signalent l'apparition d'une beauté grecque à la voix ravissante.

On y parle avec enthousiasme de la très belle Evangélina Métaxas, de son aristocratique distinction, de sa beauté attique, de sa vocation et de son intelligence.

Léo Claretie, écrivain et critique littéraire, chroniqueur au *Temps*, au *Figaro*, au *Gaulois*, au *Journal des débats*, à la *Revue des deux Mondes* et à la *Revue de Paris* – c'est dire son rayonnement –, s'éprend de la jeune orpheline.

Cet ancien ami de Léonidas Métaxas s'auto-promeut chaperon et agent.

Une nouvelle Cléo de Mérode est née, aristocratique et sophistiquée. Pure et fatale. Préraphaélite par nature.

À sa suite, le monde des lettres, ces messieurs du Parnasse, gilet et chapeau noirs, s'enthousiasment pour la belle.

Dans le même esprit symboliste et orientaliste, elle prend le nom de Bilitis, sur le conseil du directeur de l'Impérial, Paul Franck.

Ce Paul Franck est comédien, danseur et chorégraphe, un ami de Colette.

Auteur de *la Romanichelle*, il est le roi de ce monde du music-hall de la Belle Époque, qu'incarnent aussi Colette Willy et Missy.

Evangélina, ça lui va comme un gant ce pseudonyme de Bilitis. D'abord, c'est grec. Même si Pierre Louÿs a remplacé Byron, la Grèce est toujours emblème de liberté, mais de liberté érotique, tuniques blanches, seins nus, cheveux au vent, diadèmes étincelants. Le personnage inventé par Pierre Louÿs pour sa mystification poétique, la nymphe Bilitis, est une fille de Mytilène, de Chypre, de Lesbos. Comme Evangélina, elle est donc grecque de Turquie. Certes, elle est née au VIᵉ siècle avant notre ère, mais l'amour des jeunes filles, l'horreur de la mort et l'éternelle mélancolie traversent les temps.

Evangélina Métaxas, dite Lina de Varennes, dite Bilitis, règne bientôt sur une petite cour à Paris. Ses soupirants sont légion, les critiques ne tarissent pas de louanges exaltées. Elle porte merveilleusement les fourreaux à paillettes, les sautoirs et les turbans. Elle adore les uniformes et les moustaches cirées des beaux officiers qui se bousculent à ses pieds.

Là-bas, en Grèce

Mais la guerre vient, c'est la fin de la Belle Époque.

1913 : Le roi Georges de Grèce est assassiné. Commence une période agitée pour la dynastie des Oldenbourg et leurs fidèles. Les Métaxas voient leurs biens confisqués, et l'oncle Démétrios connaît l'exil.

La vie deviendrait-elle dure pour Lina et sa mère Hélèna, étrangères en temps de guerre et sans ressources désormais ?

Je ne sais pas si c'est si dur, susurre ma mère.

Lina n'a jamais été une personne sombre, elle aime s'amuser, c'est une figure du Tout-Paris et du Tout-Athènes à Paris. Elle collectionne les filleuls de guerre, elle est amoureuse d'un bel officier, Jacques d'Alayer de Costomore d'Arc.

C'est à cause de ce crétin mort au champ d'honneur qu'elle va me baptiser Jacqueline, maugrée sa fille rancunière. À bas la guerre, oui.

Je me dis qu'il y a dans la vie de chacun d'entre

nous des fantômes, des amours perdues qui laissent planer leur ombre.

Ce sont des amours tenaces, d'autant plus tenaces que la mort les a emportées. On les nomme premier amour. Il arrive qu'il soit impossible de les faire oublier. Ces amours-là, ces spectres, donnent à la vie réellement vécue un air d'irréalité, en font une attente de la vraie vie, qui n'arrive jamais.

En 1919, la paix revenue, toute à son chagrin, mais réaliste aussi, Lina sent qu'il va falloir choisir entre ses soupirants.

Le temps file, elle a déjà trente ans. Elle est toujours ravissante, mais ne se serait-elle pas un peu enrobée ? dit sa fille à mi-voix. Les marquis et les banquiers qui lui font la cour n'ont pas l'air de s'en apercevoir. Car Bilitis a le charme de Célimène.

Ma mère méprise Célimène

Sans doute est-ce pour cela que, sa vie durant, ma mère a poursuivi cette malheureuse Célimène de sa hargne et de ses moqueries. Comme Bilitis, comme Lina de Varennes, Célimène est coquette.

C'est le pire des péchés.

Ma mère la méprise et la déteste. Si Célimène était assise avec nous, elle lui collerait une claque. Elle lui dirait de disparaître de sa vue.

Disparais de ma vue, Célimène.

Molière a bien raison de la punir, comme il le fait.

J'ai huit ans, et je bois ces paroles malveillantes.

La colère gronde en moi contre cette sale bonne femme.

Les femmes sont une sale engeance, et Célimène est la pire.

Alceste, nous l'adorons.

Ma mère et moi sommes à cent pour cent de son côté, contre ces salopes de séductrices poudrées, ces minaudières, ces créatures qui pullulent dans le coin, avec leurs fanfreluches, leurs décolletés, leur horrible rouge à lèvres. Des Célimène, il y en a partout, il faudrait les tuer, on serait bien tranquille.

J'ai huit ans, je me demande comment faire pour éviter d'en devenir une, comme ma grand-mère (et de me faire tuer par ma mère).

Un beau mariage

Le comte Tschamisch de Bretteville présente à Evangélina Métaxas le beau Boghossian Missirli-bey. Quel nom plein de promesses. Le mot de bey déjà fait rêver – non sans raison – de domaines princiers.

Il lui fait sa cour, c'est un parti magnifique, il emménage au-dessus de chez elle. Hélèna est charmée. Evangélina succombe.

En 1924, tandis que s'avance l'automne, ces deux-là se marient. Elle a trente-quatre ans, sans doute, et lui quarante-sept.

Boghossian bey Missirl, dit Missirli-bey,
dit Boghos, dit Paul, dit Bob,
dit le beau Bob

Il est né en 1877 à Constantinople, dans une famille de drogmans de la Sublime Porte. Il est très catholique, très ironique, mondain, sentimental, poète, élégant et follement francophile, comme on l'était nécessairement chez les Arméniens catholiques de Constantinople. Insaisissable. Joueur et coureur.

Sa fortune vient d'être confisquée. Les vastes terres de sa famille aussi. Et travailler ne fait pas partie de sa culture. Dure époque.

Dure, murmure ma mère, je ne sais pas. Il n'a jamais rien dit de tel.

Mais le génocide ?

Du calvaire des Arméniens, il ne fut jamais question. Jamais.

La mère de Bob s'est pourtant réfugiée à Florence, elle vit sur les hauteurs de Fiesole, depuis 1916.

Elle est très riche, elle est très autoritaire, elle regrette le temps ancien où elle régnait sur l'île des Princes, Prinkipo, et sur l'immense propriété des Allahverdi, Ienikoÿ, mais j'écris cela, laissant courir ma plume et mon imagination, des palais surplombent la mer, des voiles blanches et noires fasseyent au loin, de grands arbres s'agitent, les calèches filent, d'où descendent précautionneusement des messieurs habillés à l'européenne et suivis par d'innombrables domestiques. Odeurs de myrrhe, d'iode et d'encens.

Le père de Bob se nommait Edouard Missirli-bey.

Lui aussi est un noble Arménien catholique, et membre de surcroît de la cour du sultan Abdul Hamid II.

Peut-on être un bey, un prince turc, et arménien?

C'est peu courant, me dis-je, et cela ne fait pas très bonne impression, ces chrétiens acquis au sultan.

Préjugés de ma part, bien sûr.

Je me gargarise encore un peu de ces mots magiques, bey, oglu, grand vizir, je recopie des notes, petite scribe aveugle et tâtonnante, j'écris Divan et Pontificat, missions catholiques en Anatolie, chapelles, commerce, j'imagine.

Tout cela pourrait être totalement inventé, pourtant un objet existe, que je connais, et qui authentifie tout cela, qui est si vague et si friable.

L'objet a toujours trôné dans l'entrée de notre maison. C'est une coupe de marbre, en forme de bénitier. Une inscription est gravée sur son socle pesant :

Ex dono PII Papae IX, Boghoss bei Missirli-Oglu, nobili viro armeno catholico constantino-politano, in audientia habita, dii 17 Aprilis 1865.

C'est très précieux, cela vaut indulgence plénière *in articulo mortis* jusqu'à la septième génération.

Mais si on n'est pas catholique ?

C'est pareil.

Je compte les générations. Mes arrière-petits-enfants sont sauvés. Sept générations, c'est vite passé. Ouf.

Boghoss, petit-fils du Boghoss précédent, fait ses études à Paris au lycée Condorcet, mais il revient à Constantinople en 1894, après son bachot.

Pour les Arméniens c'est le début des persécutions et des massacres.

Le sultan Abdul Hamid, dit le Féroce, dit le Rouge, les considère comme un peuple maudit, une engeance traîtresse, acquise à la cause de la France, ou à celle des Russes. Un peuple ennemi de l'islam.

Il n'a pas entièrement tort, murmure ma mère, qui ne sait pas ce qu'elle dit. Parfois le panache et l'esprit de contradiction étouffent les mouvements du cœur.

Les familles Allahverdi et bey Missirli-oglu ne sont pas immédiatement inquiétées. Elles sont provisoirement protégées par le légat du pape Pie IX, et le gouvernement français.

Je me demande si ma mère n'en éprouve pas une légère honte.

Tant d'indifférence au sort d'une minorité dont on fait partie, même du bout des lèvres, même à contrecœur, laisse des traces.

Jusqu'à la septième génération peut-être.

1908. Boghoss a trente ans, il vit entre Paris et Constantinople, il s'amuse, il séduit.

Il est diplômé de l'Institut des Sciences Politiques, on lui trouve un poste à la Banque Ottomane, cela lui va, ce qui compte pour lui, c'est la poésie, il fréquente des écrivains en gilet et canne à pommeau, il visite un oncle décadent et excentrique à Nice, il est reçu dans les salons parisiens, il dépose des cartes de visite, fait de l'esprit. Son fin visage parfois s'assombrit : l'affaire Dreyfus le bouleverse. Il n'est pas dreyfusard pour autant, il ne peut imaginer que la France soit compromise. Sa France bien-aimée.

Mais voici que son père, Edouard Missirli-bey, se suicide. On dit qu'il a perdu beaucoup d'argent, on dit qu'il jouait. On suggère qu'il aurait triché.

Comme Léonidas Métaxas, on l'a vu, mort la même année loin de Constantinople, à Anvers.

Un monde est englouti sans qu'on le sache encore, des gouffres s'ouvrent sans bruit, une civilisation se découvre mortelle.

1908. Année terrible.

Boghossian est bien obligé de s'occuper de sa grande famille, de ses oncles excentriques terrorisés par les microbes qui rôdent autour de leurs palais, dans leurs chambres étouffantes, et sur les rampes de leurs escaliers. Il doit prendre soin de son neveu syphilitique, des clients de la famille. Et surtout de sa mère, affolée et tyrannique.

Il fait des allées et venues entre Paris et Constantinople, de longs séjours à Yeniköy, son île magique, la grande île aux criques superbes, aux rochers blancs sur la mer violette, aux pinèdes splendides, où il s'occupe des biens familiaux, de ses protégés, des fermiers.

Mais le ciel est de plus en plus sombre.

Là-bas, à Constantinople

Le 24 avril 1915, des centaines d'intellectuels arméniens et dirigeants de Constantinople sont arrêtés et déportés vers l'intérieur du pays, la plupart d'entre eux vont être assassinés.

Pour justifier ses actes, le gouvernement Jeune-Turc accuse les Arméniens de conspirer avec les Russes et de préparer une insurrection, l'accusation habituelle.

À cette époque, la plupart des Arméniens de sexe masculin servent dans l'armée turque. Dès 1914, ils sont affectés à des travaux humiliants et épuisants. Du soldat à l'officier, ils sont affamés, bafoués, réduits en esclavage.

À la mi-juin 1915, le délégué apostolique à Constantinople, Mgr Angelo Dolci, prend connaissance de « rumeurs de massacres », comme il l'écrit dans un télégramme au Saint-Siège.

À peu près une semaine plus tard, il reçoit confirmation que, sans aucun doute possible, une persécution d'une ampleur inconnue jusqu'alors est en cours.

Il écrit au grand vizir du sultan Abdul Hamid II, demande l'arrêt immédiat des assassinats et des déportations, au moins pour les Arméniens catholiques. Sa lettre reste sans réponse.

L'extermination systématique des Arméniens a commencé.

Au début de mai 1915, la population arménienne dans sa presque totalité, plus d'un million et demi de personnes, est déportée, province par province, ville par ville et village par village.

À pied, sans pain et sans eau, les vieillards, les femmes, les enfants et ceux des Arméniens qui ne sont pas en état de servir dans l'armée, sont dirigés vers Deir Ez Zor, dans le désert syrien. Durant ces marches de la mort, des centaines de milliers de personnes meurent d'épuisement, de faim, de maladie. Ceux qui survivent sont enfermés dans des camps de concentration, pour y mourir du choléra, de typhoïde, succombant aux tortures, épuisés, affamés. De nouvelles marches de la mort emmènent les rescapés plus loin dans le désert pour y être égorgés et brûlés.

Ce génocide va servir d'argument et de modèle à Adolf Hitler.

Qui se souvient de l'extermination des Arméniens ?

demande-t-il en août 1939 à ses généraux. La réponse est : personne.

Pour la première fois, en 1915, le chemin de fer est utilisé à grande échelle en vue de la déportation de civils entassés dans des wagons à bestiaux. Les cadres du parti national-socialiste traceront eux-mêmes un parallèle en décrivant les Arméniens comme les « Juifs du Moyen-Orient ».

La famille de Boghossian bey Missirli-oglu est protégée tout au long de ces années terribles par les liens qu'a entretenus Edouard avec le sultan.

On compte un grand vizir dans la famille, et les services rendus à la Sublime Porte par ses sujets arméniens interprètes, commerçants, drogmans sont bien connus. Ils ne se sentent pas tout à fait du même peuple que les villageois arméniens d'Anatolie, les artisans et les paysans du Musa Dagh, ou du lac de Van.

Ils en sont convaincus, comment ne pas les comprendre, et quelle douleur aussi de saisir combien ils ont tort.

Certaines de leur différence, après eux, bien des familles juives assimilées le seront, en Allemagne, en Autriche, ou en France.

Mais quand, en 1916, le sultan entre en guerre aux côtés de l'Allemagne, Boghoss refuse de répondre à l'appel. Jamais il ne prendra les armes contre la France. Il est arrêté, emprisonné, menacé de mort.

Il ne cède pas : c'est un dandy à l'âme fière. Il échappe de peu à la mort. Sauvé à nouveau par Angelo Dolci, le nonce du pape Benoît XV, il comprend qu'il doit partir très vite.

Apatride

Désormais apatride – il aura bientôt un passe-port Nansen en poche, comme 450 000 autres personnes fuyant les séismes politiques, les géno-cides et les persécutions – Boghossian part sans se retourner, maudissant sans doute cette Turquie nouvelle. Il laisse sa mère en Italie : sa sœur Lucie a épousé un militaire mussolinien. Il est bien trop francophile et lettré pour adhérer au fascisme mus-solinien. Il hait son beau-frère l'amiral Triangi.

Il s'installe en France, vit dans un hôtel de l'ave-nue d'Eylau, près de la tour Eiffel, passe beaucoup de temps dans les casinos et les salles de jeu.

Et puis il tombe amoureux.

Le 22 novembre 1924, il épouse, sans deman-der à sa terrible mère une autorisation qui lui serait refusée, Evangélina Métaxas, à l'église de rite orthodoxe grec de la rue Georges-Bizet, puis à l'église catholique romaine de Saint-Pierre-de-Chaillot, et enfin à la mairie du 17e.

Il y a très peu de monde, ce sont des épousailles clandestines et follement romantiques, comme ils le sont tous deux.

Le mariage est une catastrophe. Tous les mariages sont des catastrophes, mais celui-ci est pire, dès les bans affichés.

Anna Allahverdi folle de fureur répudie son fils bien-aimé. Et si elle continue à lui verser, dit-on, une petite pension, mais je n'en suis pas sûre, il perd ses droits au splendide héritage. Les îles, les terres, les châteaux, les bijoux, les nappes damassées, les tapis persans, les tableaux, les aiguières d'or, les couverts en vermeil, les biens mobiliers dont je n'ai pas la moindre idée, c'est fini pour lui.

Pourquoi est-elle si fâchée ? Elle voulait certes garder son fils auprès d'elle. Elle pleurait déjà la perte de son île, de son mode de vie, de sa famille. Mais cela n'explique pas cette colère profonde, mythologique, inapaisable, qui la raidit, la voue au silence jusqu'à sa mort et coupe net toute transmission entre elle et sa descendance.

La religion en est la cause. La religion.

Cela paraît insensé. La religion rend fou. Anna Allahverdi, dans sa piété impossible à interroger, ne peut imaginer que son fils unique épouse une femme soumise au culte grec orthodoxe. Une danseuse, c'est insupportable, mais une danseuse orthodoxe, c'est impossible.

Quelques années auparavant, elle a réussi à empêcher le mariage de Boghossian avec une belle musicienne juive nommée Laura Sackville-West. Elle a menacé d'en mourir, mimé un infarctus, en a peut-être vécu un, et son fils a cédé.

Contre Evangélina Métaxas, elle n'a rien pu faire, sinon déshériter son fils adoré.

Et les voici tous les deux, la tête pleine de rêves et tout à fait perdus, les choses n'ont pas fini de mal tourner, et les objets et les meubles de la rue Pierre-Demours de filer au mont-de-piété.

Je retrouve une petite photo de ces années. Ils posent, devant un paysage tourmenté, cela renforce leur allure d'émigrés des Carpates.

Lui, cambré, rêveur, ressemble à Charlie Chaplin. Evangélina, on dirait Louise Brooks. Leur fille, ma mère, regarde l'objectif avec une certaine hostilité.

Elle voit bien que ce n'est que le début de ses ennuis. Et puis ils l'énervent à roucouler tous les deux, à battre des cils, à susciter des admirateurs partout où ils passent, à Préfailles ou à Huelgoat. C'est un très beau couple. Tellement élégant.

Et elle alors ? Jacqueline est une petite fille adorée, mais jalouse. Cela se voit. Comment pourrait-elle attirer sur elle cette lumière qui inonde ses parents ?

La lumière surgit d'un livre.

L'héritage de Yaya-Nini

Sur la couverture du livre, trône le cheval imaginé par Odysseus pour envahir Troie, la ville de Priam et d'Anchise et de sa femme Hécube.

L'immense cheval de bois sculpté est rempli à ras bord de soldats grecs armés jusqu'aux dents. Ils vont sortir, la nuit venue, par la porte secrète qu'on devine sur le côté.

À travers ce livre passe le fil magique rompu par Anna Missirli-bey-Allahverdi, maudissant sa descendance du haut de la colline de Fiesole.

Les *Contes et Légendes du Monde grec et barbare* ont été offerts à Jacqueline pour ses neuf ans par une sorte de vieille cousine surnommée Yaya Nini, une rescapée de la Cour du roi de Grèce, une ancienne dame d'honneur, qui fréquente ou prétend fréquenter les salons de l'ambassade, croise parfois Madame la Princesse Georges en personne, comme elle aime à dire. D'ailleurs la Princesse lui a offert des pâtes d'amande, les meilleures, celles de chez Hédiard, place de la

Madeleine. La Princesse Georges, c'est Marie Bonaparte.

Yaya Nini vit sous les combles d'un hôtel qu'elle ne peut plus payer. Elle est la veuve d'un amiral de la flotte grecque, l'amiral Capourny. Connu lui aussi pour ses frasques plus que pour ses hauts faits d'armes. Tous ces vaillants messieurs ne brillent pas par la discrétion, il me semble.

Chaque année, depuis qu'elle a dû quitter son palais grec, en 1923, encore une mauvaise saison pour les nobles, les aristocrates, les armateurs, les amiraux, elle monte un étage de l'Hôtel Drouant, plus courbée, plus triste, plus seule que la veille, mais toujours maquillée et poudrée, son ruban de velours autour du cou. Ses nombreux bagages encombrent la soupente.

Evangélina l'a accueillie en 1934. Contre un loyer. Les temps sont durs. Elle vit désormais sous le même toit que nous, dit ma mère qui la déteste, déteste ses histoires qui puent, ses mensonges idiots, son snobisme d'ancienne dame de la Cour et ses petits gestes ridicules.

Elle supporte mal qu'on ait osé donner sa chambre à cette vieille casse-pieds, enveloppée dans ses dentelles, escortée par ses fruits confits. Emballée comme un pot de miel de l'Attique. Affreuse.

Ne jamais être comme elle. À bas le passé. Ne

rien savoir, ne rien entendre, se boucher les oreilles. C'est ce qu'on se dit quand on est une enfant unique, et déjà déçue par le tour que prend l'avenir. Les histoires que racontent les adultes autour de ma mère sont tristes, et mensongères.

Sauf celles des livres.

Yaya Nini, grecque et patriote, voudrait que Jacqueline Métaxas, sa petite-cousine, soit fière de son passé.

Et celle-ci n'en prend pas le chemin. Alors elle lui raconte l'histoire du roi Laomédon qui ne tenait jamais ses promesses.

Jacqueline sait très bien ce qu'il faut penser des gens qui ne tiennent pas leurs promesses : elle en est entourée, et elle les méprise de toutes ses forces.

Laomédon veut une muraille autour de sa ville d'Ilion, il demande à Poséidon et à Phébus, les dieux de la Mer et du Soleil, de l'aider à l'élever. Les deux dieux exaucent sa demande, mais Laomédon ne les paie pas. Énorme erreur.

Yaya Nini lui raconte les dieux. Elle sait tout de l'Olympe, elle raconte la pomme d'or apportée par Éris, déesse de la Discorde, au mariage de Thétis et Pélée, les parents d'Achille. Elle parle des cadeaux de mariage de Thétis, une armure invincible et deux chevaux qui parlent, dont Achille fera bon usage. Elle raconte le destin des Atrides, elle fait revivre son Hellade perdue, les visages innombrables des descendants d'Atrée.

Ce que Jacqueline retient de ces légendes si belles et si profondes, si peuplées, c'est qu'elles lui font une famille, et lui donnent accès au monde.

Point d'oncles ni de tantes, de frères, de sœurs, de cousins.

Mais des filles courageuses, qui se sacrifient pour leur père sans hésiter, comme Hésione, la fille de cet idiot de Laomédon, ou Iphigénie, la fille aînée du général en chef Agamemnon, qui marche sans ciller vers le bûcher pour que les Grecs puissent aller venger leur honneur et récupérer la femme de Ménélas. Jacqueline s'imagine sans efforts se rendre utile en marchant ainsi vers une mort sublime.

Ce qui est bien, c'est qu'elles acceptent la mort, mais ne meurent pas, les dieux sont attendris à chaque fois.

Il y a aussi des filles sages. Des devineresses, comme Cassandre, la fille de Priam, ou Oenone, la femme de Pâris, qui voient l'avenir et se tordent les mains mais ne peuvent être entendues.

Parmi ces jeunes filles héroïques, savantes, aimantes et sages, il y a celle qui est unique. Elle se nomme Hélène, fille de Tyndare, le roi de Sparte.

Écrivant son nom, Hélène, fille de Tyndare, roi de Sparte, écrivant cette épithète sonore de roi, je me dis que Yaya Nini doit bien aimer apprendre des histoires de rois à cette petite fille, Jacqueline.

Rois et filles de rois

Dans la Grèce antique d'avant la guerre de Troie, les rois sont innombrables. Le rusé Odysseus, roi d'Ithaque, et Ajax, le fier roi de Salamine. Il y a Achille, roi de Phthie et des Myrmidons, Palamède, roi d'Eubée, Agamemnon, roi de Mycènes, Ménélas, son petit frère, roi de Sparte, Diomède, roi d'Etolie, Eurypyle, roi de Cyrène, Idoménée, roi de Crète, Pierus, roi de Macédoine, et tant d'autres, et tant d'autres. Une volière de rois.

Leurs disputes, leurs alliances, leurs colères, leurs ruses sont aussi passionnantes que des ragots de famille. C'en est d'ailleurs. En mieux. Des ragots stylisés.

Moi j'adore le roi Ménélas. À cause de son nom. Parce que c'est le petit frère, parce qu'il est fragile et pâle, et peut-être aussi parce que son nom ressemble à celui de mon aïeul, Léonidas Métaxas.

Et puis Hélène, la fille de Tyndare, l'a choisi parmi tous les rois pour être son époux, parce qu'il était si gentil, si timide, et aimant. C'est ce que raconte Yaya Nini. Et si beau aussi. Beaux, au demeurant, ils le sont tous. Parce que ce sont des rois et des princes et des héros. Et qu'ils font énormément de sport.

Jacqueline comprend tout de suite Hélène. L'unique. D'ailleurs c'est son second prénom à elle, Hélène. À cause de sa grand-mère, Héléna Poulos.

Elle va bientôt se faire appeler Jacqueline-Hélène. Et puis Hélène seulement. Hélène, c'est une manière discrète de se dire grecque.

Hélène est la plus belle. L'enchanteresse. Elle est blonde et svelte, et grande, et ses yeux couleur de mer envoûtent tous ceux qui la voient. Hélène aux beaux cheveux, c'est ainsi que Homère la nomme, enfonçant mille fois le clou.

Dans le livre, une fille de dix ans découvre le pouvoir de l'amour, les horreurs de la guerre, la violence de la passion, et le pouvoir de la parole aussi. Elle adore les ruses d'Odysseus qui ressemblent à des devinettes. Les exils, les enlèvements, les interventions des dieux résonnent avec ce qu'elle ignore des siens, là-bas, à Byzance.

Et puis il y a l'immonde Pâris. Un sale bonhomme. Aucun enfant n'aime Pâris. L'adjectif bellâtre a été inventé pour lui.

Pâris est le protégé d'Aphrodite. Comme Laomédon, il ment tout le temps. Pire que Laomédon, il ment en amour. Et puis Pâris est un lâche. Pâris fait le malheur des Troyens, d'Hélène, et de sa fille

Hermione, à qui je soupçonne Jacqueline de s'iden-
tifier un peu aussi.

Pâris est un lâche : c'est Hector, son frère aîné,
qui le dit. Et Jacqueline aime énormément Hector.
Les aînés ont rarement le beau rôle, lui si. C'est un
fils gentil, le meilleur des Troyens. Il est un époux
délicat pour Andromaque et un père attentif pour
leur fils Astyanax. C'est rare, pense Jacqueline.

Personne ne peut écouter le récit de la mort
d'Hector, personne ne peut imaginer son cadavre
aux talons transpercés, traîné dans la poussière par
le char d'Achille, traîné sans relâche autour des
remparts de Troie, déchiqueté par les becs des corbeaux, personne ne peut y songer sans en éprouver
du chagrin et de la honte.

Mais soudain, l'ancienne dame d'honneur du prince Georges meurt

La scène se passe dans la station balnéaire de Préfailles, en septembre 1939, à l'heure du déjeuner. C'est la fin des vacances, et le début de la guerre. Les villas ferment leurs volets. Dans les hôtels, on range les transats et les gobelets de cure.

La conteuse avalait une cuiller de la purée que lui avait montée en grognant la jeune Jacqueline. Elle s'est renversée dans son fauteuil. Morte.

Cassandre gémit dans Troie, les chevaux d'Achille pleurent la mort de Patrocle, comme le dit si bien Constantin Cavafy, qui aurait fait un cousin très acceptable :

« Quand ils virent tuer Patrocle,
Lui si courageux, si fort et si jeune,
Les chevaux d'Achille se mirent à pleurer.
Ah mes pauvres chevaux, dit alors Zeus – je
résumé –
Aux misères des hommes vous vous êtes laissé
prendre.

Que pensiez-vous trouver là-bas,
Dans cette humanité vulgaire qui est le jouet du
    destin ? »

C'est tout à fait ce que se dit la jeune Jacqueline.
    Elle redouble d'énergie pour fuir là-bas, fuir, dans les livres, fuir le destin humain, qui est semé de tant de douleurs et d'embûches, même quand on n'a ni frères ni sœurs, presque pas de grands-parents, guère d'oncles, pas de tantes, sinon la vieille tante Nectar, au nom si doux.

Nectar, on va la voir une fois par an, le premier janvier, nous, ses petites-nièces, sans avoir la moindre idée de qui peut bien être cette personne. Je ne me souviens pas du son de sa voix.
    Je me souviens d'elle comme d'un crapaud énorme, tapi dans un fauteuil à oreilles.

La guerre est revenue

Bob et Lina font comme si de rien n'était. Il peint des aquarelles, écrit, elle joue du piano. Les hôtels où ils descendent chaque fois qu'ils le peuvent, pour des vacances de plus en plus rares, sont de plus en plus modestes, mais ils ne se plaignent pas.

Apatrides, appauvris, inquiets mais toujours élégants, ils voient leur univers se rétrécir chaque jour un peu plus.

Ils essaient de maintenir ce qui ne saurait l'être, les tapis s'éliment, la poussière se dépose sur les jolis meubles en bois précieux, ils ne comprennent plus rien au pays qu'ils ont tant aimé. Pétain, Vichy, l'Occupation, le génocide des Juifs, la Résistance. C'est un autre monde que le leur.

Et ils continuent de rêver à l'héritage fabuleux qui les attend, qui finira par leur revenir. Ah, les îles enchantées, les ruches de Yeniköy, l'eau violette, les lumières du port, les villas roses, jaunes ou blanches, les glycines, les pinèdes, les calèches de

Prinkipo, qu'on nomme *faytons*. Elles s'éloignent, elles s'éloignent.

Le cœur de Boghossian Missirli-bey, noble gentilhomme arménien, apatride et chômeur, ne résiste pas, et il meurt en 1947. Il n'a pas tout à fait soixante-dix ans.

De ce lâchage, sa fille, ma mère, ne se remet jamais, et plus jamais elle ne prononce son nom.

Qu'alliez-vous faire, madame,
dans la lande ?

La lande rosit sous le soleil du soir, les bruyères serrées forment une sorte de moquette étincelante, rouge, brune, violette. Je me jetterais bien dedans, tant elle semble douce, et élastique. Je me jetterais à plat ventre, j'enfouirais mon visage dans l'épaisse toison.

Les ronces me déchireraient, la bruyère n'est pas douce, elle fait semblant.

La mer au loin, en bas de la falaise, festonne, les petits chemins dessinent des lacets blancs.

Un chien aboie. Pas âme humaine à l'horizon.

Nous marchons, Michka, son mari adoré, et moi, à la recherche de Mélini, ma mère.

Elle a disparu il y a quelques heures, sans crier gare. Puis la sonnerie de son téléphone portable a retenti dans la maison.

Je suis tombée dans un fossé, disait une voix, la voix cassée et rauque et voilée et tremblante et anxieuse de Mélini.

Je ne peux plus bouger, disait la voix. Mon bras, ma jambe, disait la voix.

La communication s'est alors coupée.

Quand je rappelle, personne ne répond.

Le téléphone sonne dans le vide. Ce petit appareil que Michka a offert à sa femme pour qu'elle soit éternellement en sécurité, tu verras c'est très facile.

Mélini n'aime pas le petit objet. Je n'en ai aucun besoin, dit-elle, cela ne sert à rien, dit-elle, je ne comprends pas ce qu'il faut faire pour appeler, dit-elle encore.

Et Michka appelle cent et mille fois, en vain.

Nous partons à la recherche de ma mère perdue, Michka et moi.

Nous quadrillons la lande à la recherche de son Eurydice.

Nous approchons du gouffre du Diable, nous tendons l'oreille.

Nulle âme qui vive. Pas un bruit, une mouette peut-être aboie au loin. Ou un chien.

Le soleil descend dangereusement. Il est vingt heures trente déjà. Le froid s'installe.

Comment chercher ? Où chercher ?

Je vais alerter la gendarmerie, dit Michka, son mari. Il faudrait un hélicoptère. Balayer la lande.

Et d'ailleurs pourquoi serait-elle plutôt ici, sur les chemins du Cap, de Kerdreux, de Kergonan, plutôt que n'importe où ailleurs ?

Nous marchons, la lande miroite et étincelle sous les derniers feux du soleil couchant et je raconte à mon père toutes les fois où j'ai tenté d'apercevoir le rayon vert.

Il n'écoute pas. Le front barré d'une ride profonde. Comme un chien de chasse, il prend le vent.

Une sorte de murmure, oui, il a entendu quelque chose.

Nous nous rapprochons de l'endroit d'où vient le bruit.

Dans un creux de lande, gît Mélini.

Son visage est très pâle.

J'étais sûre que tu me trouverais, dit-elle à son amour, Michka.

Il s'approche d'elle, regarde sa cheville enflée.

Elle minaude, c'est ma mauvaise cheville, dit-elle, elle m'a lâchée, alors je suis tombée.

Il ne la gronde pas, il la relève, et nous la soutenons. Elle est légère comme une plume.

Et ton portable, dit Michka.

Ah, ce truc, je ne sais décidément pas comment ça marche, dit Mélini, en souriant, en se moquant d'elle-même, en se moquant du monde.

Tu as raccroché, maman, dis-je furieuse, tu nous as inquiétés, nous t'avons cherchée pendant des heures.

Je savais, dit-elle, que Michka me trouverait, il a une âme de sauveur, et c'est ainsi que nous nous sommes connus, vois-tu.

Cette version de leur rencontre m'a en effet été racontée au moins deux fois.

Mélini était tombée dans une crevasse, à la montagne.

Un charmant jeune homme l'a entendue et l'a sauvée. C'était une personne qui éprouvait le besoin d'être sauvée et protégée. Pour toujours. C'était un homme qui éprouvait le besoin de sauver et de protéger. Mais pas forcément toujours, ni toujours les mêmes personnes.

Quelques mois plus tard ils se sont mariés.

Qu'alliez-vous faire dans la lande, madame ? Recommencer ma vie, dit-elle, recommencer nos retrouvailles, car Mélini ne croit en rien, sinon en l'éternel retour.

Je suis au fond d'un fossé, je crie et je suis entendue et un jeune homme très beau, avec de tendres yeux noisette et une oreille plus petite que l'autre, s'approche, descend dans la crevasse et me remonte, et me sauve la vie.

Et moi là-dedans ? Toi rien, tu n'as rien à voir avec tout cela, qui s'appelle l'amour. Rien.

Ma mère ne sait pas ce qu'elle veut

Un jour tout lui devient égal. Je suis aboulique, dit-elle goulûment, je ne sais absolument pas ce que je veux.

D'où ça vient, cette absence de désir ?

C'est l'aboulie, dit-elle. L'aboulie, voilà tout. À force de se ficher de tout, on se fiche véritablement de tout.

Je suis aboulique, dit-elle, comme un ballon qui s'envole dans le ciel et voudrait qu'on retienne la ficelle.

Ma mère est grand-mère,
comme le temps passe

Quelle mauvaise blague. Quel vilain mot. Elle n'a rien demandé, elle.

Elle ne voulait pas d'enfants. Elle déteste les enfants. Les a toujours trouvés ennuyeux, stupides, capricieux. Et encombrants.

Leur évidente fausseté. Des claques, oui. Lorsque l'enfant paraît, le cercle de famille applaudit à grands cris, mais ne comptez pas sur moi. Il y a bien assez de candidats.

Évidemment, une fois qu'elles étaient là, ses filles, elle s'est attachée. Plus ou moins, mais quand même.

Mais des petits-enfants, en plus ? Quelle perte de temps.

Au début, elle fait comme si elle n'avait pas compris. Elle ne vient pas à la clinique, elle déteste les hôpitaux.

Et puis, elle a énormément de travail, son feuilleton lui dévore la vie, elle a des responsabilités syndicales, des charges professionnelles importantes, un téléfilm en cours, un tournage qui s'annonce, elle ne va pas se transformer en garde d'enfants. Heureusement il y a une autre grand-mère qui ne demande que ça.

Pas question de se battre avec l'autre aïeule, une vraie sainte, ah ah ah, et tellement plus vieille qu'elle, pas question de se battre pour une sortie en poussette, une promenade au jardin. Grand bien lui fasse.

Ma mère en maillot de bain

Tu ne veux pas que je t'achète un maillot de bain, dis-je, ton vieux maillot noir est troué aux fesses et dix fois trop grand.

Tu es tellement vexante, note Mélini, mais pourquoi pas ?

Il fait chaud, nous marchons dans les rues, nous entrons dans une boutique aux murs dorés, aux allées quadrillées par des tringles remplies de cintres où flottent, comme plaqués sur des corps invisibles, des milliers de maillots fluorescents. Mélini a un sourire de gremlin.

Elle écrase sa gauloise sur le capot d'une voiture avant d'entrer dans la caverne magique.

Nous avançons dans la grotte et Mélini commence à enfiler les tenues de sirène.

Les vendeuses s'affairent autour d'elle, battant des mains, et s'émerveillant, comme elles font.

Mais Mélini ne s'en laisse pas conter, elle n'a jamais été dupe des marchandes du temple : tout ce qu'elles veulent c'est te refiler leur came, dit-elle, lucide. Elles sont prêtes à tout. Aux flatteries les moins acceptables. Aux compliments les plus grotesques. À des chantages éhontés. La passion de vendre. Moi je n'ai jamais eu la passion d'acheter. Nous ne sommes pas faites pour nous entendre.

Essaie quand même, dis-je. Et j'attends, sans trop y croire.

Mais la voici qui s'avance dans l'allée ombreuse, entre deux rangées de maillots voltigeant sous l'effet de la climatisation. Elle est emballée comme un pot de miel dans une sorte de coque jaune, qui lui donne bien entendu l'air d'un poussin diabolique. Le haut de ses cuisses flotte dans les vastes ouvertures du maillot, et ses bras maigres ressemblent à des ailes de moulin tournicotant hors du bustier massif.

Sublime, dit la vendeuse, passant ses ongles vernis de noir dans ses cheveux rouges de fausse Mylène Farmer. Ses petits seins aux bouts roses et pointus sautillent hors de son tee-shirt doré, maman les observe avec une indulgence inhabituelle.

Vous avez l'air d'une adolescente, avec vos cheveux en pétard assortis au maillot, dit la vendeuse en minaudant à fond.

Et elle cogne le sol de son sabot à semelles rouges compensées, comme une girafe psychédélique.

La banane jaunie à la nicotine de Mélini rebique sur son front, et ses cheveux drus ondulent de plaisir d'une belle manière verticale, très tonique, très motarde.

Elle sourit, contente de son effet.

— Je ne me vois pas bien, dit-elle, avec un petit friselis à la joue.

Et elle franchit les portes coulissantes et elle se retrouve dans la rue, sous le soleil, les mains sur les hanches, les pieds dans ses chaussettes à doigts.

Nous la suivons.

Elle prend des poses devant la vitrine, elle est vraiment très contente.

Les passants se retournent. Certains rient franchement, c'est offensant.

— Je t'en prie, dis-je. On est en ville, pas à la plage.

Mélini m'ignore. Elle s'adresse à la vendeuse.

Mon lapin, vous ne trouvez pas qu'il est un peu trop décolleté ? À mon âge, c'est ridicule, non, de montrer la naissance des seins. Ce n'est pas comme vous, avec votre adorable poitrine, vous pourriez parfaitement vous balader torse nu.

Oh, madame, dit la vendeuse ravie, vous êtes trop gentille ! Et le maillot vous va à merveille, il a l'air fait pour vous, le jaune et l'orange et le bleu vous donnent un air joyeux.

Mélini s'éloigne, elle est déjà dans la rue, elle vogue vers le boulevard, elle jubile. Elle sort une cigarette.

Elle arrête un passant.

Auriez-vous l'obligeance de me donner du feu, cher monsieur ?

Je cours, je l'attrape par les épaules, je la bloque.

Rentre immédiatement, maman, ça suffit maintenant.

Le monsieur me regarde avec mépris et allume la cigarette de ma mère.

Puis il s'éloigne.

Mélini nous lance, à la vendeuse et à moi-même, son sourire de vamp, narines pincées, lèvres en avant, yeux légèrement haussés. Elle tire sur sa gauloise, une main sur la hanche. Ses chaussettes à doigts multicolores me fendent le cœur.

— Je ne me résignerai jamais à avoir engendré un être aussi conventionnel que toi, dit-elle en égrenant un rire perlé et en montrant les dents.

Mais j'aime beaucoup ce maillot de bain.

Quel adorable cadeau, ma chérie.

Mélini se rhabille, elle a le cœur gai et chantonne d'un air malin la *Romance du Muguet*.

— On y va, maman ?

Je m'excuse encore auprès de Mylène la vendeuse qui me regarde avec apitoiement et aussi un certain mépris.

— Vous ne savez pas la chance que vous avez d'avoir une telle mère. Elle est tellement drôle, tellement originale, je l'adore. La vieillesse, elle ne saura jamais ce que c'est, dit Mylène philosophe et sagace.

— Je sais, je ne la mérite pas, dis-je.

Je la rattrape, elle a abordé un jeune homme pour lui demander du feu.

Ravi, il lui allume sa cigarette.

Et nous nous éloignons, telles un rat et une tourterelle. Je suis le rat.

En vérité,
ma mère aime demander du feu

Demander du feu est un des plaisirs de la vie de ma mère. Excusez-moi, auriez-vous du feu ? Une allumette ?

L'homme sort son briquet à essence, à mèche d'amadou, il recourbe doucement les doigts sur sa paume pour protéger la flamme du vent. Ma mère approche sa gauloise et aspire jusqu'à ce que le bout de la cigarette rougeoie.

Merci monsieur.

Je vous en prie, madame.

Un plaisir renouvelé une quarantaine de fois par jour.

Jusqu'au jour où elle découvre le briquet jetable en forme de rouge à lèvres, que l'on peut porter autour du cou, dans son petit étui de cuir.

Plus de prétexte pour reformer à l'infini la douce communauté des fumeurs de la rue.

Heureusement, elle peut désormais répondre aux sollicitations.

Excusez-moi, madame, puis-je vous demander du feu ?

Elle protège joyeusement la flamme de sa paume incurvée.

La communauté des fumeurs solidaires a encore de beaux jours devant elle.

D'ailleurs elle ne sait même pas que ces jours, les jours fumeurs, sont comptés. Bientôt nous ne les percevrons plus que comme des toxicomanes, des condamnés à mort, des fous.

A star is born

Aimeriez-vous, chère madame, animer un atelier d'écriture à la Villa des Pages du Vésinet ? a dit au téléphone une voix chichiteuse. Et j'ai dit oui, parce que j'avais renoncé à dire non. Mais ce n'est pas exactement cela.

Longtemps je n'ai rien su dire d'autre que non non non, non à tout, non pour tout, non tout le temps. Et, à d'autres saisons, d'autres périodes : oui, oui, oui, oui. Bien sûr, oui.

Je me souviens d'une petite statue d'ivoire biface qui ressemblait à cette manière de faire, elle avait deux visages, que l'on faisait pivoter. Je ne sais plus trop la différence, un non, un oui, peut-être aussi qu'on ne me demande plus mon avis.

On ne veut plus d'étoiles désormais, éteins-les toutes, disait Wystan Auden.

Je ne suis pas au courant de l'existence de cette Villa, apparemment fort connue, mais ce serait vexant de prendre un air étonné. Ce serait se moquer.

Comme il est vexant d'avouer ne pas reconnaître quelqu'un qui vous salue. Dire oui transporte dans un monde flou, où l'on ne reconnaît plus rien, et où tout glisse, sans trop d'importance. Oui, oui, oui. Bien sûr, comme vous voudrez.

Merci beaucoup madame, nous sommes fiers et honorés. Nous vous envoyons une lettre-contrat.

Je peux t'accompagner, a dit Mélini, au courant de cette rencontre, je ne sais comment.

Car vois-tu le Vésinet c'est important pour moi.

Un de ses ancêtres, je le découvre bien plus tard, un certain Nazareth Allahverdi-bey, y a vécu dans une villa inouïe qui s'appelait la Villa des Rêves. Ou l'île des rêves. On murmure que c'est un descendant de Louis XVII, le fils secret de Louis XVI. Ha ha ha…

Tu m'emmèneras en voiture ?

J'ai dit oui. Et aussi que je passerai la chercher. Et j'ai été, pendant quelques instants, fière de ma bonté.

Je passe prendre Mélini. Elle m'attend sur le trottoir, le vent glacé fait voler ses mèches de gremlin.

Elle a enfilé un énorme pull à col cheminée en crochet noir et blanc. Et des moufles suédoises avec des étoiles jaunes.

Je reconnais ce pull.

Mais c'est mon pull, maman.

Ah, oui. Comme c'est amusant ! Mais oui, il était à toi. Il ne t'allait pas très bien, t'en souviens-tu. Tu critiquais ouvertement ses larges mailles qui laissent passer l'air et le reste. Je pensais que tu ne l'aimais plus. C'est vrai, dis-je, ne voyant rien d'autre à dire, c'est vrai je ne l'aime plus. Je le trouve absurde. Ces grosses mailles trouées, on dirait le filet d'un chasseur de phoques. Mais est-ce une raison ?

Tu veux que je conduise ? dit-elle, postée à côté de ma portière de conducteur, et ouvrant la porte, et je dis oui.

Nous filons vers l'ouest sur la route verglacée.

Mais soudain, en me faisant remarquer que des oiseaux blanc et noir nous escortent à basse altitude, Mélini rate à demi un virage, la voiture sort de la route, nous nous arrêtons dans un grand crissement de freins sur un bas-côté herbu. Mon cœur bat à tout rompre, je sors de la voiture et me mets à la place du chauffeur en poussant ma mère à la place du mort.

Nous n'avons pas échangé un mot.

J'ai murmuré : merci, maman.

Il ne s'est rien passé.

D'une voix légèrement éraillée, elle demande si elle peut fumer une cigarette.

Et je dis oui.

Alors elle reprend de la vigueur, saisit une des trois paires de lunettes accrochées à son cou et les pose sur son nez.

J'ai apporté une petite brochure sur la Villa des Pages, dit-elle, contente. Je te la lis. Je l'ai trouvée à l'Office du Tourisme d'Île-de-France, c'est très bien fait, ces organismes-là.

Et elle lit en mettant le ton d'une manière exagérée.

Selon le Dr Ponza d'Alexandrie, on est parvenu à accroître énormément l'embonpoint de certains animaux en les faisant vivre continuellement sous l'influence de la lumière violette. De même on a fait en Amérique des expériences sur des veaux qu'on enfermait dans des étables éclairées par des vitres bleues, et l'on a constaté que le poids de leurs corps augmentait plus rapidement que dans les conditions normales.

Quant à l'influence excitante ou calmante des couleurs sur les animaux, nous savons que le rouge excite le taureau et le dindon, tandis que les lunettes à verres bleus ont été souvent employées pour calmer les chevaux emportés.

La folie scientiste ne date pas d'aujourd'hui, dis-je, ne sachant si elle me range parmi les chevaux emportés ou les génisses obèses, pensant aux expériences innombrables qui ont remplacé depuis cent ans les innocentes manœuvres en couleurs des médecins hygiénistes et des savants optimistes qui se sont succédé au Vésinet.

L'atelier d'écriture a donc lieu dans cette Villa des Pages, un nom bien choisi.

C'est un petit château 1900, blanc, posé au milieu du parc. Il s'est d'abord appelé Villa des Doges, il y a cent ans, et c'est le lieu d'une longue histoire de combats pour la santé mentale, peut-être, ou pour autre chose de difficile à nommer, une mainmise. Un lieu où bien des hommes et des femmes ont souffert, et tout mon corps tressaille en recevant les ondes de ce passé cruel, fait d'incompréhension, de rationalité aristotélicienne.

Je pense aux tortures infligées à Théroigne de Méricourt. À ces milliers de fous enchaînés, misérables, réduits à leur douleur, et mourant dans la fange, désespérés.

Que faisons-nous là ?

Nous entrons dans un grand salon lambrissé, nous sommes entourées par des cigognes peintes sur des carreaux de faïence qui datent de l'époque où l'établissement s'était spécialisé dans l'hydrothérapie, les douches écossaises et – comme l'a découvert Mélini – le soin des pathologies mentales par l'immersion dans des milieux de couleur – rouge pour animer les neurasthéniques, violet ou bleu pour calmer les agités.

Il y a sur certains murs de grands panneaux où l'on peut lire tout un développement sur ces sujets.

Mélini enchantée par ses découvertes s'y attarde.

Regarde : une théorie du soin des lypémaniaques sitiophobes en particulier.

Les quoi, maman, dis-je, exaspérée. Un lypémaniaque, ce doit être un genre d'homme-loup, sans doute.

Pas du tout, triomphe-t-elle. Tu sais bien que lypè signifie en grec tristesse ou peine. Les lypémaniaques sont des fous de chagrin, des maniaques du désespoir. Souvent persécutés, ou croyant l'être, ils restent prostrés, en larmes sur leurs paillasses. Tournés vers le mur, ils se protègent contre des coups et des empoisonnements imaginaires et meurent par le poumon.

Je me détourne, je trouve tout cela affreux.

Mais déjà nous ne sommes plus seules.

Un petit groupe de jeunes filles s'avance vers nous. Elles sont trop minces, avec des yeux inquiets. Les épaules trop hautes, la peau pâle. Un médecin de cinquante ans les accompagne. Il est bronzé, détendu, il a une mèche blonde, un regard moqueur. Son jean délavé dépasse de la blouse blanche. Il se jette sur Mélini, lui arrache sa veste à franges.

Bienvenue madame, nous sommes fiers d'accueillir ici à la Villa des Pages qui a accueilli dans ses murs tant d'artistes et tant de poètes...

Elle lui tend une main souveraine, j'attends qu'elle révèle la triste vérité : la poète, c'est l'autre.

J'attends qu'elle dise : je suis sa mère.

Le médecin a compris sa bévue en regardant la feuille d'invitation décorée d'une mauvaise photo, qu'il tenait dans sa main gauche, et il ne sait plus comment continuer.

Il prend le parti du comme-si-de-rien-n'était.

Je pense aux artistes et aux poètes enfermés ici au cours des décennies passées. Comme je les plains. Le comme-si-de-rien-n'était est le plus douloureux des bâillons.

Bienvenue, redit-il, ridicule. L'atelier commence immédiatement, vous avez carte blanche pour initier nos patientes à la sublimation qui guérit, aux merveilles de la catharsis de l'écriture, aux triomphes de la psychothérapie narrationnelle.

Je ne sais pas, je ne sais absolument pas de quoi vous parlez, je ne suis pas sûre de souhaiter le savoir, dis-je agacée. Mais nous sommes ravies de vous rencontrer.

Et nous nous asseyons. Des piles de feuilles et des bics bleus sont posés devant chaque participante.

Nous allons commencer par un exercice, dis-je.

Moi, dit Mélini, m'interrompant, et souriant d'un sourire que je ne lui connaissais pas, très grande dame tragique et simple, magnifique, j'aimerais savoir qui sont ces charmantes jeunes personnes qui comme moi aspirent à dominer leurs peines, à les transfigurer en les racontant au monde, à devenir, cathartiquement, écrivains.

Il y a un frisson de sympathie dans l'assistance, le docteur blond approuve de tous ses pores cette excellente attitude vis-à-vis de ses patientes. Son intuition ne l'avait pas trompé, la véritable artiste, c'est celle avec la mèche et le mégot. Bénie soit la vieille renarde, murmure-t-il.

Je viens de comprendre, émergeant de mon brouillard, que je me suis mise dans un mauvais pas. Je rétrécis.

J'ai froid et mes yeux me piquent, Mélini a pris les choses en main.

Devant elle, défilent les jeunes filles, elles se nomment et lui envoient des sourires.

Je ne peux plus bouger, paralysée sans doute par la jalousie et la colère. J'ouvre la bouche mais ma voix m'a quittée.

Plus un son. Où vont les voix qui s'évaporent ? Comment se sert-on de ses cordes vocales quand le violon est désaccordé ?

J'ai oublié ce que c'est que parler, me dis-je, et je me sens ensorcelée.

Je suis muette, soufflé-je, maman je te laisse faire. Elle n'entend pas mais elle sourit de toutes ses dents, je t'en prie, ma chérie, ne verdis pas ainsi, tout va bien. J'aurais dû dire : je me laisse faire, puisque c'est de cela qu'il s'agit.

Les jeunes filles la mangent des yeux. Elle leur prodigue de petites caresses sur les épaules et les cheveux.

Nous allons jouer, dit ma mère.

Nous allons faire un portrait chinois.

Je vous propose de me prendre pour modèle. Nous étudierons les images qui vous sont venues, je vous montrerai comment les tricoter, comment les crocheter ensemble, à l'instar de ce pull à grands trous, que vous me voyez porter. Je l'adore car il est à la fois cuirasse et douceur, air et tissu, laine et soie. Un pull au crochet à col cheminée noir et blanc, c'est à cela que doit ressembler un roman, et c'est vers cela que nous allons naviguer.

Elle est sur la scène, elle a pris la lumière, elle m'a escamotée, et ce petit morceau d'espace que je croyais avoir conquis, elle l'a annexé.

Votre amie est incroyable, la présence et le charisme, l'aura d'une étoile, il n'y a pas d'autre mot, quelle star, murmure le médecin en blouse blanche à mon oreille. Elle doit faire des ravages.

Pendant qu'il susurre, les filles écrivent en la regardant sous le nez. Je transpire et j'ai froid. Les cigognes de la Villa des Pages claquent du bec en se moquant de moi.

Un rayon de soleil a traversé les hautes fenêtres de la salle de réception, cette paix particulière qui accompagne les moments de concentration collective nous enveloppe un instant.

L'horloge sonne. Une vieille horloge aux résonances ténébreuses.

Les ateliers d'écriture sont des cercles magiques d'où l'on ne sort jamais.

Mélini, plus guillerette que jamais, ramasse les feuilles.

Elle les lit en plissant les yeux, avec gourmandise et un air tendre que je ne lui connaissais pas.

Lisons-les à haute voix, propose-t-elle.

Et elle lit, mettant le ton de manière ostentatoire, cette manière des actrices des années vingt.

Si elle était un animal, ce serait une louve, si elle était une fleur, ce serait une orchidée déguisée en ortie, si elle était un vêtement, une cape de Fantômas. Si elle était un légume, ce serait une aubergine ancienne.

Et si elle était une tragédie, ce serait celle de O'Neill, *Le deuil sied à Électre.*

D'où surgit cette image, je ne saurais le dire. Électre, fille de Clytemnestre, et sœur d'Iphigénie, tu as encore bien du pain sur la planche. Le meurtre sied à Électre, dit-on aussi. Il serait temps que je m'y mette.

Ces jeunes filles prisonnières ont des regards de sorcières.

Mélini orchestre la suite, critique et complimente la troupe d'Euménides de la Villa des Pages, elles tricotent ensemble les morceaux de cadavres exquis.

Nous sommes une Électre clandestine, et une Clytemnestre enjouée au milieu des cigognes, des images de folles entravées, des souvenirs d'hydrothérapie.

Une Électre au bras arrêté par une Clytemnestre désormais avertie des risques du métier.

La séance continue, Mélini leur apprend à écrire une lettre à un être aimé.

Le silence concentré et tiède retombe sur la salle de réception.

Je m'agite un peu, n'est-il pas temps de rentrer, la séance a déjà bien duré, n'es-tu pas fatiguée, maman. Nul n'y prête attention.

Ma gorge me fait mal.

Mélini écrit.

Puis vient le temps des lectures, lettre à ma mère, lettre à ma mère, lettre à ma mère. Toutes elles ont écrit à leur mère pour lui dire combien elle leur manquait, et comme il était rude cet exil, cet abandon. Maman chérie, je sais combien tu m'aimes, et comme il sera bon, le moment de nos retrouvailles.

Elles ont les larmes aux yeux. Mélini a allumé une gauloise, ses yeux sont rouges aussi.

Pas moi. Allez vous faire foutre, les mères et les filles, me dis-je, cet étalage de bons sentiments ne fait aucun bien à quiconque.

Mélini félicite les jeunes filles, elle dit : moi aussi je vais vous lire quelque chose. Ce n'est pas une lettre à ma mère, elle est morte, vous vous en doutez, depuis bien longtemps, et nous ne nous entendions guère. Non, c'est une lettre à ma fille.

Comme celle qu'écrivit Calamity Jane à sa fille Jane Hickock, ou comme la chantait Grand Corps Malade.

Mon Dieu, pensé-je, comme tout cela est répugnant. Et tout le monde sait que les lettres de Calamity Jane, toutes belles qu'elles soient, sont apocryphes et inventées.

Ces sentiments qui glougloutent à la surface des âmes me font horreur.

Et pourtant j'écoute ce que lit Mélini.

Sa fille est douce comme un abricot – je me rengorge furtivement – et subtile comme une libellule. J'éprouve alors des doutes. Sa fille escalade les montagnes sans jamais s'essouffler. Mes doutes se précisent.

Sa fille est forte et vive comme une chèvre. Sa fille s'occupe de la terre et des étoiles, des faibles et des bien-portants – ah, cette fois, je crains de la reconnaître –, elle sait mieux que quiconque donner ce qu'elle n'a pas à ceux qui n'oseraient le lui demander. Elle a une voix d'or.

C'est une aventurière au cœur innombrable, et personne, mieux qu'elle, ne sait recoudre un bouton.

Toutes les participantes la regardent avec affection.

Elles disent qu'elles voudraient connaître cette fille, et Mélini fait de petits gestes éloquents.

Mais ne serait-ce pas vous, cette fille adorée, dit

quelqu'un, mais oui, bien sûr, quelle belle surprise, quel coup de théâtre, quelle belle déclaration, vraiment, et quelle belle idée de venir ici avec votre mère, sans nous dévoiler son identité. Quelle belle découverte pour nous : elle est une telle artiste, si rayonnante, si originale. Et toutes entourent avec admiration cette star restée si simple.

La nuit est tombée depuis longtemps, et nous repartons.

Les effusions du départ, je les écourte, tant ma poitrine me serre.

Je conduis, sans mot dire et très vite.

Mélini a envie de parler.

Tu n'as pas compris ce que j'ai voulu faire, dit-elle. Nous ne nous comprenons jamais, comme c'est étrange. Et elle plonge le nez dans le livre qu'elle a emporté.

Un roman policier. Comme d'habitude.

Car ma mère aime la police

Elle ouvre la vitre avant gauche de sa voiture, penche la tête, bonjour monsieur l'agent, ça ne vous dérange pas que je gare Piggy devant cette statue ?

Il est mal à son aise, devant cette femme brune au volant, cigarette au bec.

Il porte la main à son képi.

Impossible, madame, c'est un passage clouté.

Il dit passage clouté et il porte un képi.

Aujourd'hui on dit passage piéton. Les clous ont du plomb dans l'aile. On n'enfonce plus guère le clou, on n'est plus dans les clous. De clou de la fête, il n'y en a plus non plus. Les clous ont disparu de nos vies, les képis aussi.

Elle sourit modestement. Si c'était autorisé, monsieur l'agent, je n'aurais pas songé à vous déranger.

Alors, d'accord, mais pas longtemps !

Elle est ravie, battrait des mains si elle pouvait, merci, mon lapin, ose-t-elle.

J'en ai pour une demi-heure maximum.

Ma mère adore la police. Séduire les agents, les embobiner, faire sauter ses contredanses, aller au commissariat du coin pour discuter de cette prune qu'on lui a collée, injustement.

Moi, sa fille, je déteste qu'elle défie ainsi la maréchaussée.

Et, plus que tout, qu'elle nomme les flics mon lapin.

Ma mère est une anarchiste sans foi ni loi. Une anarchiste à double fond. Elle ne rate pas une manifestation. Elle scande des mots d'ordre contre les violences policières, les crimes d'État, les matraquages, les arrestations arbitraires, et puis elle sort du rang, excusez-moi, monsieur l'agent, j'ai garé Piggy – c'est le nom de ma Renault, dans la rue à côté, cela ne vous dérange pas de m'accompagner ? Vous êtes un chou !

Aucun CRS ne peut résister à la douce appellation de chou, selon ma mère. C'est tellement plus gentil que SS.

Ma mère lit des romans policiers

Assise dans un fauteuil d'osier qui tangue dange-reusement, ma mère lit.

La pelouse penche, le soleil lui dévore les épaules, elle se sert de ses mégots rougeoyants pour asphyxier des taupes.

Elle lit : *Les pépins c'est mes oignons, Bacchanal au cabanon, Elles attigent, Ashram drame, Du pétard dans le catafalque, Couche-la dans le muguet, As-tu vu Carcassonne ? Fais pas ta rosière, Pose ta chique, Ne mourez jamais.*

Que d'injonctions énergiques, me dis-je.

Elle lit Carter Brown et James Hadley Chase, Ross McDonald et Westlake, Francis Ryck et Ed McBain, notre chouchou.

Je lis après elle, je lis tout, je ne comprends rien, je baigne dans le sang et les calembours. Les détectives à chapeau de feutre et impers mastic sont mes amis.

Mais j'ai de la peine pour les taupes.

Je demande à Mélini pourquoi elle ne lit que des polars.

Elle méprise toutes les autres littératures. C'est mou, tout ça, et prétentiard. Des dadames qui se regardent le nombril, des bonshommes qui se prennent pour Proust.

La Série Noire, c'est chic, viril, dessalé.

Elle pourrait en écrire, elle n'ose pas.

Une taupe agonise. Ma mère lit. Cigarette au bec. Concentrée, acharnée, une vraie tueuse.

Ma mère fume (ter)

À quel moment ce qui était gai et libre devient-il triste?

À quel moment ai-je compris que le tabac avait tout remplacé dans la vie de ma mère?

À quel moment a-t-elle accepté sa peine et ses renoncements, l'absence d'amour vivant, les silences blessés? À quel moment a-t-elle décidé que ses seuls amis étaient sa cigarette et son briquet?

Ma mère perd ses clés

Tu es sûre, sûre qu'elles ne sont pas dans ta poche ?

Tu es sûre qu'elles ne sont pas dans ton sac ?

Perdre ses clés est un art. Un défi. L'expression de quelque chose d'indéfinissable. Une forme de mise en esclavage d'autrui, sans aucun doute.

Nous partons à la chasse aux clés.

Les clés de porte, c'est le moins grave.

Le pire ce sont les clés de voiture.

Le pire du pire, les clés de voiture égarées à la plage.

La distraction prend alors des allures de tragédie.

Ça tombe bien, c'est ce que ma mère préfère, la tragédie, et on n'en a pas tellement à se mettre sous la dent.

Nous retournons chaque galet, secouons les serviettes, vidons les seaux, tentons de rester calmes.

Il apparaît de plus en plus clairement que nous allons devoir ratisser le sable avec nos doigts avant que la marée ne nous noie.

Ma mère, si inquiète en général, est maintenant toute calme.

Des clés perdues, il y a des malheurs plus vastes.

Comment nous quittons la plage, je ne m'en souviens pas.

Ma mère comprend qu'il est trop tard

Trop tard. La vie s'est enfuie.

Cela la rend malade, ce gâchis. Elle prend son pouls cent fois par jour. J'ai de la fièvre, dit-elle, d'un ton digne, mais suppliant.

Elle tousse à fendre l'âme la plus endurcie. Elle trébuche.

Ma cheville est tellement enflée, dit-elle. Je peux à peine marcher.

La maladie devient son seul langage. Elle se plaint, et cela la dégoûte.

Si seulement cela pouvait retenir Michel.

Certes cela le retient, cette souffrance. Mais au prix d'une contrainte insoutenable.

Le piège a refermé ses mâchoires.

Ma mère boit une bière

Un jour ma mère dit : je suis anorexique, comme toi. Comme tu l'étais. Tu te souviens ? Tu pourrais comprendre. Être indulgente. Être gentille.

Tu es tellement ceci, et tellement cela, dit-elle. Sérieuse comme ton père. Tellement sérieuse. Autoritaire. Pas drôle. Cet esprit de sérieux. Elle soupire. Le malentendu entre nous est épais comme un mur de pierres.

Me voici exterminée. Quel mot étrange. Me voici morte.

Elle est très contente de cette affirmation, de cette identité nouvelle. Je suis anorexique. Occupez-vous de moi. Essayez. Vous n'y arriverez pas. Tentez de me nourrir. Ah ah ah.

Elle est la réincarnation de Poulaki, le serin adoré de sa mère, Evangélina. Un serin jaune à mèche jaune, insolent et kamikaze.

Rien ne me tente, dit-elle, manger m'ennuie comme tout le reste.

Et cette déclaration me fait une peine infinie.

J'avais treize ans, maman. Cela n'a rien à voir.

Mais qu'en sais-je, au fond ? Certaines personnes retombent peut-être en adolescence, quand la plupart vont en enfance ?

Ma mère ne mange plus rien, à la place elle prend des bières.

Ma mère boit une bière (bis)

Tu m'apporterais une petite bière ?
Une petite bière, avec une petite cigarette.
Elle boit une bière Mort Subite. Sa préférée.
Une bière à la cerise, et belge.
Mort Subite, quel nom magnifique.
Quel nom prédestiné aussi.

Et elle devient bleue

Votre mère a parfaitement raison, susurre le Dr Vallombreuse, et il s'enveloppe dans sa houppelande de mage, profondément ému par sa grandeur d'âme.

Venir visiter une patiente le 15 août, ils ne sont pas nombreux à le faire. Peut-être même est-il le seul médecin généraliste de tout le Finistère bravant la tempête et les chemins boueux.

Sous sa houppelande, un costume crème, une chemise crème, une cravate rose décorée d'ananas.

Il sort de la chambre verte où, depuis deux jours, j'ai installé Mélini. Elle a fait de sa propre chambre un taudis, et je n'ai pas le courage de m'y attaquer pour le moment.

Je pense au thé du chapelier d'Alice. Changer de place chaque fois qu'une tasse est salie est une métaphore de nos vies. Cette pensée me soulage.

Le Dr Vallombreuse insensible à ma rêverie rejette en arrière sa mèche noire.

Mélini dolente est installée dans le grand lit en bois, trois énormes coussins dans le dos.

Elle porte son pyjama-éponge bleu à liséré blanc. Elle habille et déshabille une poupée chauve nommée Alexandredumas. La fait converser avec un lion orange. Lit des romans noirs. Remplit des sudoku force 4. Regarde des bombardements sur CNN.

Elle est faible, un pied énorme, le visage bleu, et moi désorientée, je refais le bandage de sa cheville dès qu'il est sali. La fièvre ne baisse pas.

Elle a ses antibiotiques. Ses vitamines. Ses corticoïdes. Sa ventoline. Son briquet autour du cou. Ses lunettes autour du cou. Ses gauloises bleues sur le drap. Son cendrier volé à l'hôtel Plaza de Paris sur la table de nuit.

La maison vrombit de partout à cause du vent, à cause des fuites. On entend l'océan en bas claquer sur les rochers. On entend les nuages filer avec des bruits de saxophone enroué.

C'est la fin du monde. Le 15 août, le temps tourne, tout le monde sait cela au large du Raz de Sein.

Je suis assise dans le salon trop sombre. Une fausse nuit est tombée, il est cinq heures de l'après-midi.

Le médecin s'est figé sur le pas de la porte, un bon sourire sur ses lèvres aimables. Un éclair passe derrière lui, sa cape volette, son visage pâlit.

Dehors, la tempête fait rage. Plusieurs milliers de clients d'EDF sont privés de courant, selon la radio. Des clients, comme c'est bizarre.

Je vous suis très reconnaissante d'être venu jusqu'à nous, docteur, j'ai eu si peur. Elle est devenue bleue d'un coup.

Le médecin fait un geste de la main. Je vous en prie. Hippocrate, notre serment, c'est important. Et puis madame votre mère n'est pas n'importe qui,

Votre mère, dit le Dr Vallombreuse. Il module ces quatre syllabes, il y a un monde de consultations, d'auscultations, de confrontations, de crêpages de chignon en famille dans son onctueuse vocalise.

Une femme extraordinaire, en très petite forme, toutefois, vous le savez. Terriblement affaiblie. À la merci d'une piqûre de moustique, d'une olive périmée, d'un trébuchage sur une marche glissante. Mais un esprit, une force, je suis bien d'accord avec vous.

Que devons-nous faire, docteur, dis-je. Ses mots me font l'effet d'une crécelle, d'un violoncelle désaccordé, mes nerfs vrillent.

Mais rien, absolument rien, nous sommes entre les mains du Seigneur, dit-il. Votre mère nous a plus d'une fois montré qu'elle savait mener sa barque, chacun fait ce qu'il veut de l'instrument que Dieu lui a donné, et Dieu sait que ces instruments sont variés. À l'un, Il donne une périssoire, et cette périssoire, il l'emmène dans les rapides, pour des traversées splendides. L'autre, d'une force inouïe, d'une constitution plus que robuste, que va-t-il faire de cette vie ? Assis sur son gros derrière, il traie ses vaches et crache sa chique ! Il vivra cent ans, tant de génies nous ont quittés à vingt-cinq balais.

Je ferme les yeux, bercée par la musique du médecin, sa rhétorique vallonnée, ses inventions chichiteuses, un artiste. Le vent souffle de plus belle. La périssoire, quel drôle de mot.

Je me rebelle à nouveau.

Mais quand même, c'est quoi, ce visage bleu, cette bosse violette sur sa poitrine, cet évanouissement prolongé, qu'a-t-elle docteur, il faut bien que vous la soigniez autrement qu'avec de douces paroles.

Il ouvre la bouche.

La porte s'ouvre au même instant.

Mélini nous regarde. Les yeux noirs de ma mère.

Je ne vous laisserai pas faire, dit-elle d'une voix tonnante, d'une faible voix tonnante. Plus un seul remède n'entrera dans cette maison. Remède, le mot moderne pour poison ! Je ne me laisserai pas faire. Je suis chez moi ici. Partez tous, allez ouste.

Mon estomac se tord de douleur impuissante.

J'éprouve une douleur qui ressemble à celle de la lapidation.

Le médecin lui prend les mains, il faut manger, madame, il faut manger pour vivre, vous connaissez le proverbe, et boire aussi, de la plomberie tout ça, mais c'est incontournable, il faut être raisonnable, sans pour autant tomber dans la bigoterie, je comprends votre résistance aux diktats de la santé à tout prix, mourir en bonne santé, comme disait l'autre, la bonne blague, mais il y a des règles, quelques règles, toutes simples, nous ne sommes là que pour les rappeler, il ne faut pas que la machine chauffe, et sans carburant, on ne peut avancer.

— Dehors vous deux ! dit Mélini en tendant son menton vers le médecin et moi.

Ses lunettes tintent sur sa poitrine, rebondissent contre le petit pingouin imprimé sur son pyjama.

Nous sortons, l'homme de l'art et moi.

Je suis transpercée par la douleur de n'être pas aimante, une douleur cruelle et sans nom. J'aimerais savoir les gestes et faire les caresses. Je voudrais être un fils chéri. Ne plus être la mendiante aux dents pointues, l'infirmière détestée avec ses gestes triviaux.

Le Dr Vallombreuse a disparu de ma vue.

Je le trouve dans le couloir, il s'est absorbé dans la contemplation d'une gravure : un navire assailli par des démons.

J'attends qu'il me plaigne et peut-être me chérisse.
Qu'il m'enveloppe dans sa cape doublée.

À demain, dit-il, sèchement.
Je passerai vers midi pour la piqûre. Tâchez
d'amener votre mère à la sagesse. Point trop de
tabac, beaucoup d'eau, peu d'alcool, ses vitamines,
du pain beurré, des crevettes, de la pâte de coings,
des amandes fraîches, du riz au lait. Qu'elle suive
ces consignes simples et tout ira bien. Je ne me
fais pas d'illusion, elle n'est pas exactement ce que
nous nommons une bonne patiente ! Patiente n'est
d'ailleurs pas le mot qui convient pour votre mère,
impatiente conviendrait mieux, ah les impatiences
de cent ans, et il rit en se drapant dans sa houppelande. Et il disparaît, prince Dracula des monts
d'Arrée.

Le vent forcit autour de la maison. Mélini s'est
assoupie. Je suis restée longtemps à son chevet. Elle
a ouvert les yeux et dit je voudrais que tout soit
comme avant, je voudrais que tu m'emmènes à la
plage, comment est l'eau ?
Je cours vers mon lit et ma chambre d'enfant
où je n'ai jamais rien changé, mes livres adorés
sont encore sur l'étagère, le Vent dans les saules,
les Contes intégraux d'Andersen, et les Aventures
du baron de Münchhausen. Je sanglote jusqu'à
m'endormir, comme je le faisais avant, comme je

l'ai toujours fait. Les larmes forment une flaque chaude, je rêve qu'un cyclone nous emporte.

Quand je me réveille il fait grand beau temps.

Le soir, ici, souvent tout est nettoyé. La mer scintille, la forêt scintille, la bruyère au loin scintille de mille feux violets. Les barques cliquettent. Le soleil prépare son plongeon.

De la chambre de Mélini monte le bruit familier d'un match de tennis, plonk, plonk plonk, un bruit qui me fait penser à l'éternité.

Il faut que je lui achète un nouveau pyjama, me dis-je.

J'ai tenté de vêtir ma mère
une dernière fois, quand elle est morte

Et ce fut à nouveau un échec.

J'avais préparé une chemise blanche et une veste noire, un pantalon droit. J'ai apporté les habits au funérarium de Melun où son corps reposait.

Je me sentais une nouvelle fois habitée par ma mission et mon amour. Et une nouvelle fois, je pensais parvenir à sauver quelque chose d'innommé.

Puis il fallut que j'y renonce.

Je ne dirai pas pourquoi.

Mais je peux dire qu'à ce moment je n'ai plus été à mes propres yeux la fille aînée de ma mère, rôle auquel j'avais renoncé déjà plusieurs fois, et en particulier ce jour-là, échouant à la sauver d'elle-même, par le truchement d'un twin-set beige.

J'ai remporté les jolis vêtements glacés et empoisonnés par leur séjour à la morgue.

Je les ai jetés dans la première poubelle.

Je ne saurais dire dans quels habits ma mère repose, au cimetière des Batignolles, là-bas, tout près.

Souvenirs de la Maison des morts

Il est plus de midi quand Mélini se réveille. Le ciel est bas et sombre, une branche frotte la fenêtre. Une pie en jacassant l'a sortie du sommeil. Elle se souvient avoir rêvé d'un Mi-Cho-Ko géant. Elle allume une gauloise et aspire pour recommencer à vivre.

Elle lape deux ou trois goulées du café froid que l'on a posé sur sa table de nuit à l'heure du petit déjeuner et mordille la vieille biscotte beurrée qui tangue dans la soucoupe à côté.

Les dames de la maison de retraite où elle vit depuis quatre ans acceptent de la laisser dormir, puisque la nuit il est admis qu'elle fait autre chose.

La nuit, Mélini regarde l'écran de télévision minuscule de sa minuscule chambre, et elle fume, elle fait des réussites, elle lit les romans policiers. Elle boit des bières à la cerise.

La nuit, elle sort dans le couloir et écoute ses voisines respirer. Elle assortit son souffle aux leurs et mime leurs apnées. Les ronflements la font glousser. Elle descend laborieusement dans le grand salon où sont alignés fauteuils et banquettes, elle s'assoit à toutes les places. Elle se laisse aller un peu, y abandonne quelques gouttes d'urine, juste pour s'amuser. Ou parce qu'elle ne peut faire autrement, ce qu'elle nierait sous la torture, ce qu'elle nierait jusqu'à la mort.

Elle rit toute seule en pensant à ces vieilles stupides qui sont ses souffre-douleur, et qui l'adorent. Madame Fruchet et madame Boucheron.

Elles ne peuvent pas imaginer une seule seconde combien je les trouve laides, combien je les déteste, pense Mélini renonçant à ses rêves du matin pour se tourner vers le présent. On croit que les sentiments sont réciproques. Cela n'est pas toujours vrai. Je hais madame Fruchet, je méprise ses hoquets de poule caqueteuse, ses quenottes jaunes et rares, son sale petit ventre blanc qui ressemble au mien, mêmes plis en forme de bassine, mêmes poils blancs improbables d'une longueur stupéfiante, mêmes os qui saillent à des endroits imprévus. Et elle m'aime. Madame Boucheron et madame Fruchet m'ont adoptée dès mon arrivée, elles me font des visites, et de petits présents, s'assoient à côté de moi pour regarder les Feux de l'Amour, et les émissions sur la cuisine. Madame Boucheron a même voulu que nous nous donnions la main il y a quelques jours en regardant Les Aventuriers de l'Arche perdue. J'ai accepté pour embêter madame

Fruchet, qui a fait la tête pendant deux jours. Peu de chose, voilà ce que nous sommes : les mêmes manœuvres à la crèche et à la maison de vieux, et le même taux d'efficacité.

Cette pensée – est-ce la colère, est-ce le dégoût, est-ce l'affection ? – la réconforte et lui donne envie de vivre cette nouvelle journée.

Je voudrais tant que l'on me gratte la tête, songe Mélini. Ce n'est pourtant pas tellement demander. Les docteurs le font parfois, cela fait partie de leur rôle sur la terre. Les caresses soignent, tous les magazines l'écrivent. Les caresses empêchent de mourir.

Et si je prenais un bain, songe Mélini. C'est exaspérant de constater à quel point les meilleurs sujets de rêverie dérivent vers la mort. La mort, Mélini n'y croit qu'à moitié. C'est trop ennuyeux comme sujet.

Elle frissonne, sa vieille colonne vertébrale branlante oscille dangereusement.

Elle s'assoit au bord de son lit, ses pieds nus pendent et s'agitent dans le vide. Comme ils sont rouges et comme ils sont gonflés, des sabots rouges veinés de violet, se dit-elle. Et ces ongles jaunes et tordus. Répugnants. Les ongles sont ce qu'il y a de plus joli chez un nouveau-né. Ils sont ce qu'il y a de plus répugnant au bout du chemin. Les ongles autorisent à douter des intentions du ciel.

Elle profère quelques imprécations, quelques blasphèmes bien sentis en direction du Très-Haut toujours généreux en mauvaises blagues. Merci pour l'invention des dents, merci pour le destin des ongles.

Sa chemise de nuit en lainage à carreaux verts et bleus s'est déboutonnée pendant son sommeil.

Elle s'enveloppe dans son épaisse couverture orange. Elle a froid. Elle tend la main à nouveau vers la tasse de café en duralex.

Elle observe d'un œil torve le marc de café. Tout est décidément en duralex ici. Ah ah ah.

Autrefois, je n'avais jamais froid. Autrefois, il y a longtemps.

En regardant les murs bleus de sa chambre, Mélini pense que c'est drôle cette boucle qui se referme, éternel retour d'un autre genre, on dirait une chambre d'enfant, mais sans jouets. Elle contourne cette pensée triste en allumant la radio, et une nouvelle excellente cigarette. Les deux gestes qui surnagent, les deux gestes qui survivent à des milliers d'autres. Sur la tablette en mélaminé bleu, un fouillis de fils. Mélini attrape le fouillis, et l'enfile maladroitement, ce sont ses trois paires de lunettes, qu'elle porte autour du cou, six verres fêlés, épais et sales, mes yeux de mouche, dit-elle.

Et elle enfile aussi la ficelle en plastique à laquelle est accroché son briquet.

Puis elle se demande si elle a vraiment envie de se lever.

Elle reste au bord du lit, les pieds ballants.

Le lit est une île.

La cendre de cigarette tombe sur le drap, bien fait pour eux, ils nettoieront.

On frappe à la porte.

Zut je ne suis pas habillée.

Elle jette un coup d'œil inquiet aux cendres qui font des sortes de dessins sur les draps du lit, des ombres chinoises.

Elle essaie de pousser sous le sommier les mégots répandus sur le sol, et de dissimuler les canettes en vrac, les livres ouverts et cornés, les miettes de biscottes. Elle ne bouge que très peu, son dos lui fait mal. Elle fait toutes ces actions en remuant ses fesses pour circuler autour du lit.

C'est la faute de ces imbéciles de femmes de ménage qui ne viennent jamais, et prétextent mes horaires pour éviter ma chambre. La chambre numéro 6 est un dépotoir, je les ai entendues le dire. Elles n'aiment pas l'odeur du tabac.

Moi, je n'en connais pas de meilleure.

Qu'est-ce que cela peut bien faire, l'hygiène à

mon âge ? Pourquoi je renoncerais au seul plaisir qui me reste, une excellente cigarette ?

Oui, entrez ! crie-t-elle en se drapant dans sa couverture de moine bouddhiste, en se passant une main dans les cheveux pour les lisser un peu.

Sur le seuil se tient un jeune homme. Encore un fantôme, pense Mélini, en haussant les épaules.

Il pose sa sacoche sur le lit défait. Il ôte sa casquette fourrée et son manteau noir.

Je suis le Dr Morel, dit-il. Délégation de l'Assistance Publique. J'inspecte, je contrôle. Je vérifie. Où vous en êtes, où nous en sommes. On ne vous a pas avertie de ma visite, j'en ai l'impression. Je suis confus de vous déranger, mais je dois accomplir quelques formalités, procéder à un examen complet, et remplir votre dossier. Il ouvre son énorme sacoche, sort divers appareils, pour la tension, l'examen des tympans, le fond de gorge, la cornée, le cœur, et tout le reste.

Il lisse sa blouse devant lui comme si c'était une longue serviette de table, il froisse sa petite bouche, passe la langue sur ses lèvres et ses dents, et plisse les yeux. Il la regarde mieux, et Mélini se sent gênée d'être ainsi regardée.

Mais dans quel état êtes-vous ? On ne vous a pas dit qu'il faut vous habiller chaque jour et vous lever tous les matins ? Mettre son réveil est la première prière, il est nécessaire à la personne en résidence de suivre un protocole de vie normale. Que fait ici ce cendrier débordant de mégots ? Je vais devoir faire un rapport, vous pourriez mettre le feu à la Résidence, je suis épouvanté.

Comme une fée du logis, comme une abeille laborieuse, comme une mère, le Dr Morel ramasse les habits de Mélini abandonnés en différents endroits de la petite chambre. Il les lisse et les plie, il range et trie, jette dans la corbeille à papier les mégots et referme précipitamment le sac en plastique qu'elle abrite. Les canettes vides prennent le même chemin. Il fait le lit, ouvre la fenêtre, Mélini pousse un cri.

Il faut renouveler l'air de cette pièce, dit-il. Je vous examinerai ensuite.

Je vais faire une pneumonie, proteste Mélini.

Mais non mais non, nous sommes entre les mains du Seigneur, psalmodie le médecin.

C'est un dingue, me voici entre les mains d'un maniaque obsessionnel, pense Mélini, qui tente une sortie pour aller demander leur avis à madame Fruchet et madame Boucheron.

Mais il n'y a personne au salon, personne nulle part. La résidence est vide, pas âme qui vive.

Toujours en pyjama, son vieux pyjama turquoise, enrobée de sa couverture orange de moine boud-dhiste, les pieds dans ses énormes pantoufles à tête de lapin, Mélini titube un peu dans le couloir jaune, elle descend en s'accrochant à la rampe graisseuse les marches du perron.

Le Dr Morel termine de noter les paramètres de la malade. Il ramasse ses affaires. Pense à son rapport. Sa sacoche est beaucoup trop lourde. Il remet sa casquette et son manteau.

Quelles vieilles folles décidément hantent les asiles modernes. Il va falloir que je demande un autre poste à l'Assistance Publique. Je pourrais peut-être.

Il en est là de ses supputations quand il entend un bruit de freins, un choc. Un silence. Des cris.

Il descend précipitamment les marches du perron de la Résidence et sort. La roue d'un scooter renversé tourne à vide, ensanglantée. À quelques mètres, le corps minuscule enveloppé d'orange de la vieille dame qu'il vient de sermonner. La tête de travers dépasse, les cheveux en bataille.

Mélini a filé.

Plus loin dans la rue un homme s'enfuit. Au milieu de la chaussée, les deux pantoufles à tête de lapin.

Ma mère, si elle meurt un jour

En vérité, les choses ne se sont pas du tout passées ainsi.

Même si j'en garde une sorte étrange de souvenir. Pantoufles à tête de lapin.

Comment écrire la vie d'une personne qui a choisi de la rêver ?

Mélini n'était pas du genre à mourir. Elle disait en ricanant : si je meurs un jour, et la phrase restait suspendue dans les airs.

Pour en être plus sûre, elle évitait avec soin les enterrements, où, comme tu sais, accourent un tas de bonnes femmes hypocrites, qui n'ont rien de mieux à faire que de venir regarder sous le nez des pauvres gens en deuil. Faire partie d'un troupeau de pleureuses, merci bien.

Elle n'allait jamais voir personne à l'hôpital.

Tu sais très bien que les hôpitaux sont remplis de créatures collantes et gémissantes, qui trouvent un sens à leurs vies en venant harceler de leur compassion pénible des malheureux trop faibles pour les envoyer aux pelotes.

Pelotes, maman, quelles pelotes?

Tu sais très bien, ne fais pas l'idiote.

Elle évitait aussi les vieux. Et encore davantage les vieilles.

Que veux-tu, je déteste la laideur. C'est tellement casse-pieds.

Et ne viens jamais me voir à l'hôpital, si jamais je dois y aller un jour.

Je n'y suis jamais allée.

Le rêve d'Hélène

Il est midi, le ciel est bas, c'est un jour d'août.

J'entre dans la chambre enfumée de ma mère. Elle est assise au bord du lit, les coudes sur les cuisses, et demi-nue.

Une cigarette se consume dans le cendrier plein posé sur le drap.

Elle lève la tête, elle ne me voit pas, elle pense à autre chose.

Je pose le plateau sur lequel trônent une biscotte et une tasse de café.

Elle ne les voit pas.

J'ai fait un rêve, dit-elle, et une sorte de halo l'enveloppe, un halo de gaieté.

Raconte-moi, dis-je intéressée, en ouvrant grand la fenêtre sur le brouillard extérieur.

J'étais devant une cathédrale très belle. Des chants montaient de toutes parts.

Sur la façade était accrochée une banderole immense, rouge et noir, sur laquelle brillaient les mots vive l'anarchie.

Quel rêve magnifique, dis-je, épatée et joyeuse.

Une semaine plus tard, ma mère, qui aimait tant conduire, et qui aimait plus que tout son Michka, (même si elle ne supportait guère de le voir se courber et vieillir) meurt, tuée sur le coup dans un accident de voiture dont il réchappe pour très peu de temps. Le temps de souffrir beaucoup.

Elle s'est évadée, un samedi de septembre. Ce n'est pas mourir, c'est autre chose, en finir avec cette enveloppe terrestre désastreuse et épuisée.

La laisser là.

Pourtant, souvent je dois détourner mes pensées d'une flaque de sang sur une route de Seine-et-Marne. Tenace comme celle qui apparut dans la main de Lady Macbeth. Tous les parfums de l'Arabie ne pourraient purifier cette petite main, je pleure en pensant aux corbeaux rassemblés, impitoyables. À leurs becs.

Il aurait fallu les chasser, me dis-je, remplie de honte, pensant à Hector, aux murailles de Troie, à la poussière mêlée au sang séché, pensant qu'indéfiniment se jouent les mêmes scènes, la même honte de vivre en n'ayant pas fait ce qu'il fallait : chasser les corbeaux.

Pourtant, à la mi-septembre, il y a dix ans déjà, la cathédrale s'est remplie de gens de toutes sortes, juifs souvent, athées, perplexes. Silhouettes fragiles.

Longs visages inquiets. Visages fermés. Mystérieux. Venus pour dire adieu à la féroce, à la vaillante.

Le pope incrédule agitait son encensoir pour cette mécréante arménienne, grecque même, on accepte vraiment n'importe quel défunt, désormais. On aura tout vu.

Pour Hélèna, votre servante Hélèna, psalmodiait-il.

Sur la façade, une banderole flottait dans le vent chaud de l'été.

DU MÊME AUTEUR

Les Filles
Gallimard, 1987
et « Folio », n° 2978

Madame Placard
Gallimard, 1989

Loin du paradis, Flannery O'Connor
Gallimard, 1991
et « Petite Bibliothèque de l'Olivier », n° 46

Petite
Éditions de l'Olivier, 1994
et « Points », n° P187

Week-end de chasse à la mère
prix Femina 1996
Éditions de l'Olivier, 1996
et « Points », n° P446

Voir les jardins de Babylone
Éditions de l'Olivier, 1999
et « Points », n° P721

Pour qui vous prenez-vous ?
Éditions de l'Olivier, 2001
et « Points », n° P993

La Marche du cavalier
Éditions de l'Olivier, 2002
et « Points », n° P2866

Les Sœurs Délicata
Éditions de l'Olivier, 2004

V. W. le mélange des genres
(avec Agnès Desarthe)
Éditions de l'Olivier, 2004
réédité sous le titre
La Double Vie de Virginia Woolf
« Points », n° P1987

52 ou la seconde vie
Éditions de l'Olivier, 2007
réédité sous le titre
Les filles sont au café
« Points », n° P2353

Une année avec mon père
Éditions de l'Olivier, 2010
et « Points », n° P2617

Moi, j'attends de voir passer un pingouin
Alma éditeur, 2012
et « 10/18 », n° 4807

Dans les yeux des autres
Éditions de l'Olivier, 2014
et « Points », n° P4145

Vie de ma voisine
Grasset, 2017
et « Points », n° P4752

Mes mots sauvages
Points, « Le Goût des mots », n° P4902, 2018

RÉALISATION : PAO ÉDITIONS DU SEUIL
IMPRESSION : CPI FRANCE
DÉPÔT LÉGAL : MARS 2019. N° 140516-1 (3032277)
IMPRIMÉ EN FRANCE